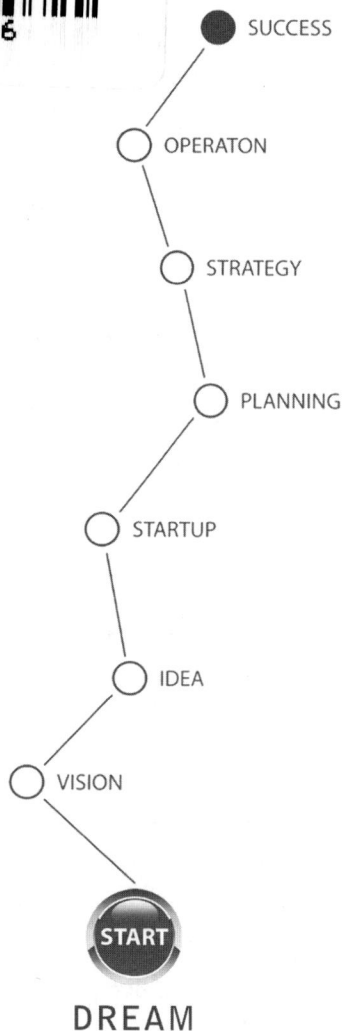

激情创业
第一课

黄伟明 著

SUCCESS

OPERATON

STRATEGY

PLANNING

STARTUP

IDEA

VISION

START

DREAM

厦门大学出版社 国家一级出版社
XIAMEN UNIVERSITY PRESS 全国百佳图书出版单位

图书在版编目(CIP)数据

激情创业第一课/黄伟明著.—厦门:厦门大学出版社,2022.5
ISBN 978-7-5615-8582-5

Ⅰ.①激…　Ⅱ.①黄…　Ⅲ.①创业—研究　Ⅳ.①F241.4

中国版本图书馆 CIP 数据核字(2022)第 070856 号

出 版 人	郑文礼
责任编辑	王扬帆
封面设计	李嘉彬
技术编辑	许克华

出版发行 厦门大学出版社

社　　址	厦门市软件园二期望海路 39 号
邮政编码	361008
总　　机	0592-2181111　0592-2181406(传真)
营销中心	0592-2184458　0592-2181365
网　　址	http://www.xmupress.com
邮　　箱	xmup@xmupress.com
印　　刷	厦门集大印刷有限公司

开本	720 mm×1 020 mm　1/16
印张	16.5
字数	203 千字
版次	2022 年 5 月第 1 版
印次	2022 年 5 月第 1 次印刷
定价	68.00 元

本书如有印装质量问题请直接寄承印厂调换

厦门大学出版社
微信二维码

厦门大学出版社
微博二维码

序 一

当前全球创新创业环境发生了显著的变化。首先，世界经济处于技术革命的交汇期，创新竞争更加激烈，各个国家都将创新创业作为自身国际竞争优势的决定性力量；其次，随着互联网、云技术、大数据、区块链、人工智能等新一代技术的突破，数字经济将成为下一轮世界经济增长的新动力，我国也正在形成新一波数字创业创新浪潮；最后，从创业型经济向创业型社会发展，是新常态下中国"双创"战略从经济层面向社会层面渗透发展的必然趋势。我们正处在创新驱动发展、创业焕发勃勃生机的时代，随着国家"大众创业、万众创新"政策的提出和实施，我国创业活动有了较大规模和较快发展，创业者队伍的结构也更加优化，科技型、新经济型创业成为主要的创业力量，并对我国经济发展做出了巨大贡献。

纵观历史，各项事业发展，人才是关键，教育是根本。著名的教育家、耶鲁大学校长 James Angell 曾经说过："教育最主要的目的不是叫你如何挣得面包，而是让你每一款面包吃得更香甜。"应用在创业教育中，应该说，创业教育的目的不是教你如何开公司，而是为了让你拥有创业精神、创新意识和创业能力，使你可以乐观、积极地生活。实践证明：拥有创业精神和创新意识的个人，可以改变人生轨迹；拥有创业能力和主动精神的企业，可以成就一番事业；拥有创业精神和创新意识的国家，才有内生的繁荣和光明的前途。

目前,在教育领域出版的创业方面书籍更多的是注重理论知识方面的传授,而创业教育更需要的是通过参与式学习的方法,让学习者形成系统全面的创业思维与解决问题的能力,创业理论知识应该贯穿于案列研讨与实训演练的实践教育过程中,为解决创业过程中的实际问题而服务。

2021 年 4 月,创建立明致远物流大讲堂、为物流行业培训注入发展新动力的黄伟明先生在大连海事大学设立"立明致远奖学金"。在与伟明先生的交流中,深感他具有多年的航运物流产业链领域从业经验,对航运物流产业链有着独特的感受和见解,尤其是他发自内心的浓浓的家国情怀深深地感染着我,同时也得知伟明先生正在编写一本有关创业者发展历程的书籍。感谢伟明先生的信任,被邀请提前阅读书稿并嘱为此书作序。伟明先生的《激情创业第一课》是结合自己 30 年的从业经验和近三年的创业经历,为创业者特别是初涉社会的年轻人,从创业前的准备、如何组建创业团队,到制定战略和规划的商业层面准备;再到根据战略设计组织架构、制定关键指标、制定计划和预算及设计合理的奖惩制度的新创公司保障层面的准备;最后到企业融资、绩效考核、人才盘点、领导力修炼和企业文化建设等创业者自我提升层面都做了深入的剖析和经验的分享。本书与众不同之处是:让读者从情景入境,带着问题学习和探索,是一本极好的理论与实践相融合的教科书。

更难得的是,这本书综合了投资领域专家学者、企业界精英的论述,详细阐述了创业者在创业过程中常见的误区,并给出了破解之道,希望能帮助创业者少走弯路,更快更好地成功,实现创业的梦想和目标,同时,真正让读者感受创业者的艰辛和坚持,体会"失败是成功之母"的不易。

可以说,这是一本适合创业者特别是年轻人创业不可多得的辅导教材、参考书，相信各位读者能够从中有所收获，真正领悟创业的真谛，把创业意识、创业精神落在自己的工作学习生活中，为我国各项事业的创新发展贡献实实在在的力量。

大连海事大学党委副书记、教授
教育部就业创业指导委员会委员
许民强
2021 年 10 月 10 日

序　二

　　我和伟明老师结缘于 2015 年 11 月。在厦门举办的一场全国性的大型货代物流业盛会上，伟明也来共襄盛举，当时他是厦门市国际货运代理协会副会长兼秘书长。我们一见如故，相见恨晚，就此结下了深厚的友谊。之后我们更成为紧密的事业搭档，2020 年，我出任中航运物流俱乐部董事长兼全国主席，伟明担任俱乐部总经理兼全国秘书长，我俩合作默契，成效卓著，得到俱乐部全国各口岸同仁的支持和认可。

　　2017 年 9 月 26 日，得知伟明在担任国际化物流公司高管、商协会领导的繁重工作之余，还能见缝插针地将自己三十年的从业经验写成《航运物流从业第一课》，准备在厦门金雁酒店举办首发仪式，我内心既惊讶又欣喜，特意从上海赶到厦门参加伟明的新书发布会，并当场认购 1000 本图书，要求我司同事人手一本，认真学习以指导大家的工作、生活和学习。

　　2018 年，伟明毅然在他职业经理人生涯的高峰时期选择转换跑道，从事职业教育培训，立志为中国航运物流业的可持续高质量发展做出更大贡献，我除了表示由衷的钦佩之外，更于 2019 年年初聘请伟明老师为美设集团的特聘专家，希望他为美设集团的发展蓝图出谋划策，贡献智慧。伟明老师不负所托，不辞辛苦地到美设集团华北、华东、华南、福建各大片区去传经送宝、互动交流，深得美设同仁的肯定、喜爱和尊重。

　　本人非常欣慰地看到这三年，"立明致远物流大讲堂"在伟明老师的带领下,在国内航运物流业形成了一定的口碑和影响力。越来越多的企业和个人加入大讲堂来学习和交流;越来越多的企业邀请大讲堂的优秀讲师去授道解惑;越来越多的企业聘请伟明等老师担任管理咨询顾问以帮助自身提高管理水平、提升竞争力及建设坚强团队。而这期间美设集团更是与"立明致远"建立了战略合作伙伴关系,大家都有一个共同的心愿:手牵手一起走,齐心协力去创造中国航运物流业的美好未来!

近三年,伟明老师基本上是常年无休,在全国沿海各口岸不停地奔波。2020 年突发新冠肺炎疫情,伟明老师在六月份疫情有所缓解之后,仅用了半年的时间就把全国八大口岸跑了四圈,累积出差里程可绕地球赤道两圈。更让人惊叹的是,就是在这么高的工作强度下,伟明老师还是坚持一年出一本书的节奏,接连出版了《航运物流经理人第一课》《高管修炼第一课》等图书,其中《航运物流从业第一课》和《高管修炼第一课》还分别再版了,实在令人叹服。

日前,伟明告知他已完成"职场第一课"系列丛书封关之作——《激情创业第一课》的写作,并在中秋节假期前,第一时间将初稿发给我阅读。在这本书中,伟明老师结合自己 30 年从业经验和近三年创业经历,与创业者特别是初涉社会的年轻人无私地分享了所思所想和所学所得。其心愿是:成功之处就让创业者借鉴以便缩短他们摸索的过程,使他们能够快速前行;失败之坑就作为给创业者的提醒,以避免他们重蹈覆辙。总之,他希望能帮助创业者少走弯路,更快更好地成功,实现创业的梦想和目标。我确信此书可以成为创业者特别是年轻人创业不可多得的辅导教材、参考书。

应伟明老师之邀,匆匆数语,隆重推荐,期盼本书大卖。不过,我也很好奇,伟明老师在完成此系列丛书的撰写工作之后,接下来的人生规划是什么？让我们拭目以待伟明老师再次给我们惊喜！

上海市虹口区航运商会会长
中航运物流俱乐部董事长兼全国主席
美设国际物流股份有限公司董事长
葛善根
2021 年 10 月 1 日

前 言

2018年，我告别了30年的职业经理人生涯，转型做职场教练，创办了致力于打造中国航运物流业职业教育培训首选平台的"立明致远物流大讲堂"，并根据自己30年的职业生涯经历写成了"职场第一课系列丛书"——《航运物流从业第一课》、《航运物流经理人第一课》和《高管修炼第一课》。其间，我获聘于国内多所高校，比如集美大学、厦门理工学院、仰恩大学、厦门城市职业学院等院校的兼职教授或客座教授。

为了履行兼职教授或客座教授的职责，我每年都会抽出一定的时间到学校和学生们做交流：向莘莘学子介绍航运物流产业链的各个环节、就业机会以及未来发展趋势；让学生们了解航运物流产业链需要什么样的人才、在大学求学期间要做什么样的准备，以便把自己培养成社会和职场需要的德才兼备的人才；辅导学生们规划自己的人生和职业生涯等等。

我讲课的习惯之一就是在课堂上让学生们无拘无束地跟我交流互动，而学生们跟我互动时问得最多的问题就是：大学生要不要创业？如果要创业，要做什么准备？

每次遇到这个问题，我就反问提问的学生："你想好创什么业了吗？"我得到的答案大多是茫然的表情或是"我就是想创业想当老板"。此时，我既为学生们响应国家"大众创业，万众创新"的号召而高兴，又为学生们的盲目和冲动而感到担忧。

针对这个问题，我给学生们的建议是：首先，创业前，要想清楚,我想做什么? 我做的项目(提供的产品或服务)有什么核心竞争力或者能够为社会创造什么价值(解决什么问题)? 如果只是不想当雇员受约束而想当老板,过自由自在的生活,然后就去开咖啡厅或面包店或奶茶店,我想还是放弃吧,因为在这种没有门槛、没有核心优势的领域,你凭什么就相信你的咖啡、面包或奶茶比别人好,能够得到顾客和市场的青睐而存活下来? 到头来,你会发现自己只是在为业主和装修公司打工而已。

其次,要考虑创业资金从哪里来? 如果来自自己的积蓄或"大款"的无私赞助,那不妨尝试,给自己的人生积累一些经验也不错。但如果创业的资金来自父母或长辈的养老金或一辈子的存款,我劝你放弃这个念头,因为创业是个风险极大的挑战。据统计,创业企业 10 年后的存活率仅为 2%,更别说成功率了,那么,等你的创业项目失败、血本无归的时候,请问长辈的养老问题怎么办?

最后,接着上面的话题:既然创业失败是个大概率事件,那你做好了创业失败后,收拾自己受伤的心灵,老老实实地回到职场打一份工、赚一点薪水来养活自己的准备了吗? 还是输不起,不敢面对自己、家人、朋友和社会,从此自暴自弃地沉沦下去,成为父母和社会的负担,甚至做出一些不理智的极端行为,让本已伤痕累累的家庭雪上加霜了呢?

跟学生们的互动交流越多,我越觉得自己有责任和义务就这个问题和学生们做更进一步的探讨,而不只是停留在口头的说教上。由此,我萌发了在"职场第一课系列丛书"里再写一本《激情创业第一课》的念头。虽然,我现在还不能算创业成功,但我想跟大家分享我这几年来的收获和心得,有失败的教训,供大家参考而避免重蹈覆辙;有成功的经验,让想创业的后浪可以借鉴以加速进步、助推成功。

我计划本书能在 2022 年的国庆节，暨我 55 周岁生日前，也是我职场转型 5 周年之际出版，算是对我这 5 年的历史阶段做一个回顾和总结，在我的人生留下浓墨重彩的一笔。

黄伟明

2021 年 7 月 26 日

目 录

§ 第一章 §

创业前的准备

◉ 案例导入

　　林先生刚毕业时进入一家电脑公司做销售,工作压力比较大,就一直希望能够自己开店。正好一个朋友的店铺出让,他就接手下来开了家咖啡厅。林先生觉得咖啡厅的产品基本都是一样的,没有太大的差异,能够卖得好是因为销售人员做得好或靠朋友支持,于是在咖啡厅的产品研发方面,他并没有投入太多的资金和精力,只是将工作交给店员,自己把心思全部花在招揽顾客上。

　　然而咖啡厅卖的毕竟不是速溶咖啡,开水一冲就好了。对于咖啡的品种,如何研磨、冲泡,林先生根本一窍不通,顾客经常抱怨咖啡口感不好,点心也不对味。到后来顾客只剩下以前的合作伙伴和朋友,一个月下来的营业额连支付房租都不够。屋漏偏逢连夜雨,有一次在订购原料的时候,林先生还被蒙骗,花了优质咖啡豆的钱拿到的却是劣质咖啡豆,损失惨重。

　　几年下来,林先生开过豆腐小作坊,卖过女装,也办过养鸡场,卖过乳制品,从事过的门类多达 15 种,但是直到现在,已经中年的他还一直在创业的路上,无论在哪个行业都没有做出太大的成绩。

(摘自阳飞扬.2011.从零开始学创业[M].北京:中国华侨出版社.)

以自身的优势创业

当有了创业的念头时,最好是能够利用自身优势或者在自己拥有核心竞争力的领域尝试。核心竞争力的特质有四个,分别是有价值的、稀缺的、不可模仿的和不可替代的。检验企业是否具有核心竞争力的标准是:企业自身的优势能否帮助企业自身切入一个新的市场,是否对最终产品给客户带来的价值有重大贡献,是否让竞争对手难以模仿? 所以创业前,创业者要认真思考自己或合作伙伴身上拥有哪些不比寻常的优势,能为行业或顾客创造什么独特价值,解决什么问题,或者能助力自己在某一领域至少达到某一区域的领先水平。创业者在入市之前就要考虑自己在未来顾客心目中的位置在哪里,这个位置是针对未来市场竞争确立的自己的优势位置,即"定位"。只有找到了这个位置,然后围绕这个定位去配置新创公司的所有资源,这才是有效的,才能保证新创公司在正确的轨道上发展。

正如"世界定位之父"艾·里斯的营销定位法所言:创业者要确定自己提供的产品或服务能满足谁的需要? 能满足目标顾客的什么需要? 如何满足这些需要? 这样就能确定你创业的公司提供的产品或服务在顾客或消费者心目中的形象和地位。

创业最有效的形式就是开创一个新品类来避开市场的激烈竞争,开创新品类有三个要点:第一,立足自身优势的小品类,但要瞄准更大的市场去延伸发展以满足自己的雄心壮志,而不要只局限在一个小品类里面;第二,为品类定位,明确开创的方向（为社会解决什么问题）；第三，努力成为新创品类的代表或领导者，这样你才有权代言所开创的品类，否则就是为人做嫁衣。

我在 2012 年开始规划自己 2017 年以后的人生时，就计划在 50 岁之后从企业管理第一线退下来，从事自己喜欢的著书立说、教书育人的事业。设立这个目标之后，我利用自己性格外向、喜欢结交朋友、热衷互动交流的特点，主动向我当时任职的台湾地区服务行业五百强"世邦国际企业集团"总部申请成立世邦集团中国大陆事业处培训中心，自己担任中心主任，在集团内部大力开展员工内训工作，有意识地培养和加强自己公众表达、课件制作、归纳总结、逻辑思维、现场机智问答等方面的能力。

同时，我把自己从业 30 年的经验和心得，特别是担任管理职务之后的 20 年间坚持写给团队成员分享的每周一文，在同事的协助下分门别类地梳理成职场进阶三部曲《航运物流从业第一课》《航运物流经理人第一课》《高管修炼第一课》（已分别由厦门大学出版社出版），让自己在演讲和写作方面的特长成为 50 岁之后从事管理咨询、培训教练工作的优势和坚实基础。

2018 年初我从世邦集团正式退居二线，转任顾问时，对未来要怎么走其实并没有太明确的思路和想法。我一个人拎着包走南闯北，利用到沿海八大口岸与各企业交流互动的机会，积极寻找当地的航运物流行业精英，向他们咨询行业职业教育培训之路怎么走的看法。在此要特别感谢上海国际货运代理行业协会李林海秘书长、美设国际物流集团股份有限公司葛善根董事长、上海欧坚网络发展集团股份有限公司葛基中董事长、深圳市华展国际物流有限公司欧阳海鹏总裁、厦门市国际货运代理协会周敢飞会长、大连沈铁远港物流有限公司刘伟总经理等众多行业精英给我无私的指点和精神上的鼓励,让我在一年的摸索和准备中逐渐清晰了自己的定位、奋斗方向和经营模式:我要创办一个面向全国航运物流业的职业教育培训平台,而且不光是我一个人讲课,我要利用自己30年在行业和社会中积累的人脉关系,聚集一群志同道合的、有胸怀有情怀的精英一起来从事这项有益于行业、有益于社会的事业,让行业企业以最小的成本收获最好的员工培训效果,解决企业在基层员工基本素质提高、中层干部执行力落地和高管领导力修炼等方面的难点痛点,以培育坚强团队,建设企业核心竞争力,使其在激烈的市场竞争中立于不败之地。

2019年1月18日,借由我和厦门大学管理学院詹虹副教授及福建至理律师事务所高级合伙人李皓律师合著的《航运物流经理人第一课》新书发布会,我在厦门举办"立明致远物流大讲堂"启动仪式,宣布自己创业旅程扬帆起航。

公司的商事注册

创业首先要给初创企业起一个好名字。每一个公司创始人应该深深认识到公司名号在市场竞争中所起的作用,它直接影响消费者选购产品或服务的行为,因此要精心设计公司的名号和商标。特别是在现阶段异军突起的跨境电商及物流领域,给企业起一个让人印象深刻、具有时代感与冲击力的名字,对提高公司的知名度和竞争力尤为重要。

给企业命名是一个想象力和逻辑思维综合作用的过程。根据《国务院关于深化"证照分离"改革进一步激发市场主体发展活力的通知》(国发〔2021〕7 号,详见附录一)和《中华人民共和国市场主体登记管理条例》(详见附录二),创业者给公司起名时要把握以下要点:企业名称的组成规则为"行政区域＋字号＋行业用语＋组织形式",其中字号自己填写,为 2～6 个简体汉字;公司名号要简短明快,用两个字很容易跟其他公司重名,最好选择 3～4 个字,尽量不要用生僻字,以易于和顾客进行信息交流,便于顾客记忆;名号要有影响力、冲击力和震撼力;名号应具备独特性,为了今后企业商事注册的顺利进行,应先上当地市场监督管理局的网站进行"公司名称预核准",避免因与其他公司名称雷同或与法律规定不符而不能通过;名号应与经营理念、服务宗旨相匹配;名号要响亮易上口;名号要符合时代潮流,并能迅速为大众所接受;名号要富于吉祥色彩或者寄托企业发展的美好祝愿。

我在 2018 年年底,综合自己近一年的探索和思考,在高人的指点下,决定改变自己之前"工字不出头,出头便为土"的职场理念,创办一家公司作为平台,从事"教书育人"的百年事业后,几乎在一天的时间里,我就为公司想好了名字。一开始,我决定用"立明"来做公司名号,但后来上厦门市市场监督管理局网站查询,发现这个名称已被注册,我几乎不假思索就将名号延伸为"立明致远",马上就通过了市场监督管理局的企业名称预先核准。我为公司取这个名称的寓意为"大家来大讲堂上课,立刻就明白了做人的道理或物流的原理,然后去实践去奋斗,就能到达梦想的远方!"

公司名号经当地市场监督管理局名称预先核准后,创业者就要决定是成立一人有限责任公司还是多人有限责任公司。有限责任公司(CO.,LTD.全拼为 Limited Liability Company),是指根据《中华人民共和国公司登记管理条例》规定登记注册,由 50 人以下的股东出资成立,每一股东以其所认缴的出资额对公司承担有限责任,公司以其全部资产对其债务承担责任的经济组织。一人有限责任公司指的是只有一个投资人出资成立的公司,但不是真正意义上的一个人。公司的法定代表人、执行董事与经理都由这一个出资人来担任,但公司制度里面还需要一个监事。现行《公司法》规定法定代表人不可以担任监事,所以还得找一个人担任监事,监事可以只担任职务而不用出资。同时,《公司法》规定一个公民只能成立一家自己一个人投资的公司。

多人有限责任公司指的是公司由 2~50 个人出资成立的有限责任公司,法定代表人可以由投资人之一担任,执行董事、总经理可以由任意人担任。监事同样不可以由法定代表人担任,但股东可以担任监事,或者任意其他人都可以。

确定公司形式之后,就要租赁合适的地方来作为公司开展日常经营活动的场所,然后在公司开业前到当地市场监督管理局依照一定的程序办理商事主体注册,领取企业法人营业执照。营业执照的登记事项包括:公司名称、类型(独资、合资、中外合资等)、法定代表人、经营范围、注册资本、成立日期、经营期限、住所(分注册地址和办公地址)等。

目前国家大力简政放权,鼓励大众创业,办理商事注册的手续已非常简单,但还是需要经过下面几个步骤:

1.文件、资料的准备

创业者需要在办理营业执照之前准备好相关资料,主要包括企业名称预先核准通知书;法定代表人身份证;公司成立协议;办公场所租赁合同及房产证明复印件;股东名册及股东身份证明、联系方式、联系地址等。

2.拟定公司章程

创业者到当地市场监督管理局官网下载"公司章程"样本，根据自身实际情况稍加修改。章程要明确规定各股东的投资金额、所占股权比例及出资方式。章程还要明确公司经营范围，创业者应该按照当地市场监督管理局公布的经营项目分类标准办理经营范围登记，这里要注意：创业者要想好公司经营范围的顺序，不能随便排，国家是根据企业填报的经营范围的第一项认定该企业所属行业，企业要依此行业的增值税率缴纳增值税，而税务局稽查时，选用的指标也经常参考行业水平，所以排错顺序，当心吃亏。虽说现在国家简政放权，所谓"法不禁止皆可为"，但经营范围不是越多越好，因为有些经营业务是不能享受税收优惠的。另外还要注意，如果公司未来设立分支机构，其经营范围不能超过母公司。章程定稿后要由所有股东签名，章程除股东每人一份外，还要另行准备三份，给市场监督管理局、银行和会计师事务所各留一份。

3.开立验资账户

企业联系一家会计师事务所，领取一张"银行询征函"，由会计师事务所在原件上盖章。公司法人代表及财务人员带上公司章程、名称核准通知、法人代表私章、身份证、银行询征函，到银行开立验资户。现在国家规定注册资本为认缴制，注册资本可以在国家规定的年限内分批到资。各股东按自己的出资额向公司账户中缴存投资款，股东汇款时一定要记住在"款项用途"一栏填写"×××（股东姓名）投资款"。银行在收到股东汇款后，在询征函上盖章，交给企业办事人员。

4.办理验资报告

企业拿着银行出具的股东缴款单、银行盖章后的询征函，以及公司章程、核名通知、房屋租赁合同、房产证复印件等资料，委托会计师事务所审验资金，并出具验资报告。

5.办理营业执照

到当地市场监督管理局办事柜台领取公司设立登记的各种表格,填写后,连同核名通知、公司章程、房屋租赁合同、房产复印件、验资报告等资料一起交给市场监督管理局柜台。市场监督管理局办事柜台审核申请资料无误后,一般在一周内就可核发工商营业执照(三证合一),正、副本各一,二者具有相同的法律效力。(现在一些地区已经可以网上办理而不需要到市场监督管理局现场柜台办理了。)

6.刻公章和财务章

凭营业执照,到公安局特行科指定的刻章点刻公章、财务专用章、发票专用章、合同专用章和法定代表人私章,共计5种。

7.去银行开基本户

公司法人代表和财务人员凭营业执照正本副本原件、公章、法定代表人身份证、公司财务专用章、法定代表人私章等去办理验资的银行开立公司基本账户(可以支取一定额度的现金)。

8.税务登记

自领取营业执照之日起30日之内,纳税人应向生产、经营地或纳税义务发生地的主管税务机关申报办理税务登记,核定税种。企业要如实填写税务登记表,并按照税务机关的要求提供有关证件、资料,然后申购发票,购买税控器。

需要注意的是,新公司成立后,每年的5月31日之前依法要做汇算清缴;6月30日之前,要做工商年报公示,以防企业经营异常。

以上是办理公司商事注册的一般流程,各地市场监督管理局的具体流程可能会略有不同,请以当地政府的规定为准办理。

公司精神层面的准备

拿到了营业执照，有了办公场所，公司创始人就可以开始招兵买马，准备大展拳脚去实现自己的梦想和目标了。此时，建议创业者要先把团队的精神层面铺垫好。所谓精神层面建设就是要明确公司的使命、愿景、价值观、经营理念等，这是一家公司的基础，是未来百年基业的起点，一点也不能忽视和马虎。

我从事 30 年的航运物流业，货运代理业具有小、散、乱的特点，90％的企业是民营企业，而这 90％的企业中又有 90％是 20～30 个人规模的公司。这几年，我在全国各地给行业企业做培训或管理咨询时，每次提到企业文化和精神层面建设的重要性时，总有参会企业领导或管理者对我说："黄老师，您不用和我们扯这些'高大上'的'浮云'，我自己都不知道明天企业要走到哪里，我只关心今天怎么赚钱，只关心怎么活下去！"每次面对这样的草根老板，我不禁哑然；作为公司的创始人或控制人，自己都没有梦想和奋斗目标，不知道企业明天要走向何方，难怪，你的企业没有文化，没有根基，留不住人才，漏洞百出！

使命（mission）：所谓企业的使命是指企业存在的意义和价值，是企业肩负的重大责任，是企业存在的根本目的。它告诉人们：我们的企业是干什么的？为什么要这么干？我们的企业将来会成为什么样子？我们的企业应该是什么？企业使命是更加具体化的企业责任（包括社会责任）、目标和追求。比如"华为"的使命：（1）华为的追求是实现客户的梦想；（2）聚焦客户关注的挑战和压力，提供有竞争力的通信解决方案和服务，持续为客户创造最大价值。

作为企业创始人要先明确公司是干什么的,以及为什么要这么干。你要告诉合伙人、员工和客户,你们要干的是一件很有意思、很有价值的事,是值得大家花 10 年、20 年甚至更长的时间去完成的壮举;使命是用来招人的,企业通过宣导使命,把志同道合的人吸引到你的身边;使命是每天唤醒创业者的闹钟,用来指导和驱动团队在正确的方向上奋斗;使命还能帮助创始人在孤独的路上,在面对挫折、挑战和困难时坚持信念走下去。如果创业者对如何制定公司的使命还不太明确,有一个标准模式可以借用:我们为了谁? 提供什么产品或服务? 做什么? 要达到什么目的? (黄旭,2021)

有世界第一 CEO 之称的杰克·韦尔奇在其《商业的本质》(2016)一书里给企业创始人的建议是:最好的使命陈述就是既要目标远大,能鼓舞人心,又要切合实际。韦尔奇在随后出版的《赢》(2017)一书中更指出:对于使命的描述主要应该回答一个问题,即我们的业务如何才能赢? 它既要给成员一个清晰的方向,以赢得商业利益为导向,也要让人们充满雄心壮志,感觉到自己是伟大事业中的一部分。

愿景(vision):所谓的企业愿景是企业未来可以成就的,具有挑战性的远景描述,一个希望和可能实现的未来蓝图。愿景告诉组织成员"十年后组织将来是什么样子",它能够引起成员对组织美好未来的憧憬和渴望。由于企业是由一个个鲜活的个体组成的,所以只有企业的愿景反映了全体成员的意愿和追求,变成了全体成员的共同期望和憧憬,才能形成对共同行为的感召和激励,促使大家为了一个共同的目标真心实意地去奋斗。比如"华为"的愿景:丰富人们的沟通和生活。

很多企业经常把使命和愿景两个概念搞混,使命和愿景的关系应该是：每天按照使命去做，十年后我们将能够达到愿景。使命是公司前进的大方向，愿景是为企业十年后定的里程碑，它必须是清晰而具体的，并且足够宏大，最好与人类生活、世界进步等概念相结合。我们经常听说某个企业的愿景是成为一个受人尊敬的公司或是一个令人向往的公司等等，这些愿景听起来确实挺好的，可它们都不够具体，无法激发员工的积极性和参与感。

在一个新创企业，企业的愿景不应只是创始人的个人意志，还必须得到所有成员的认可，是大家共同努力的目标。樊登读书会的愿景是：要带领 13 亿人读书。这个愿景不仅使樊登读书会的员工，还使各级代理商和推广大使都被这个宏大愿景吸引而自动自发地加入读书会的团队一起学习并推广。

企业的价值观（value）是一个组织的基本信念、信仰，即组织做事的规矩、原则和底线，它是以具体的词语为职工规定成功之路，并在组织内制定成功的标准（即组织提倡什么，反对什么），是员工在设定事物优先级时所依据的标准。一家优秀企业的使命、愿景和价值观应该是高度统一、融为一体的，价值观是为实现公司的使命、愿景而制定的"游戏规则"，它既体现了企业的价值所在，又是企业最有价值的追求对象；它既是完成使命的办法，也是实现最终盈利目标的手段。以下是华为的价值观，值得学习和借鉴：

华为的七大价值观是：第一条，华为的追求是在电子信息领域实现顾客的梦想，并依靠点点滴滴、锲而不舍的艰苦追求，使我们成为世界级领先企业。为了使华为成为世界一流的设备供应商，我们将永不进入信息服务业。通过无依赖的市场压力传递，使内部机制永远处于激活状态。第二条，认真负责和管理有效的员工是华为最大的财富。尊重知识、尊重个性、集体奋斗和不迁就有功的员工,是我们事业可以持续成功的内在要求。第三条,广泛吸收世界电子信息领域的最新研究成果,虚心向国内外优秀企业学习,在独立自主的基础上,开放合作地发展领先的核心技术系统,用我们卓越的产品自立于世界通信列强之林。第四条,爱祖国、爱人民、爱事业和爱生活是我们凝聚力的源泉。责任意识、创新精神、敬业精神与团结合作精神是我们企业文化的精髓。实事求是是我们行为的准则。第五条,华为主张在顾客、员工与合作者之间结成利益共同体。努力探索生产要素分配的内部动力机制。我们绝不让雷锋吃亏,奉献者定当得到合理的回报。第六条,资源是会枯竭的,唯有文化才会生生不息。一切工业产品都是人类智慧创造的,华为没有可以依存的自然资源,唯有在人的头脑中挖掘出大油田、大森林、大煤矿……精神是可以转化成物质的,物质文明有利于巩固精神文明。我们坚持以精神文明促进物质文明的方针。这里的文化,不仅仅包含知识、技术、管理、情操……,也包含了一切促进生产力发展的无形因素。第七条,华为以产业报国和科教兴国为己任,以公司的发展为所在社区做出贡献。为伟大祖国的繁荣昌盛,为中华民族的振兴,为自己和家人的幸福而不懈努力。

（摘自:《华为基本法》[2021-10-02].http://www.360doc.com/content/20/0924/14/32763989_937375488.html.)

创始人要力争了解自己团队员工的核心理想和价值观,如果员工很难说明他的价值观,那么你可以尝试让这位员工写下3个他钦佩的人的名字,然后,让他在每个名字后面列出3种他最钦佩的品质(一共有9种品质),最后,让他根据重要性将这9种品质排序,这样,他就有了自己的价值观了。你要明白公司的使命和价值观应该清晰且相对稳定,而员工的职业目标和价值观却是相对不明确的,此时创始人的重要职责之一是要天天宣讲、天天运用公司的使命、愿景和价值观来指导公司的运营,而不要让使命、愿景、价值观只是成为挂在墙上的标语口号或装饰品。领导者要引导和协调员工与公司的使命和价值观趋于一致,然后以此来评价和考核员工,树立典范予以重奖。

总之,一个公司的价值观是其成本结构或商业模式的反映,因为它定义了员工为确保公司繁荣发展而必须遵循的规则。评价一家企业管理水平高低的标准之一,就是看整个组织是否贯彻了清晰和一致的价值观。

经营理念就是创业者追求企业绩效的根据,是顾客、竞争者以及职工价值观与正确经营行为的确认,然后在此基础上形成企业基本设想与优势、发展方向、共同信念和企业追求的经营目标。经营理念是系统的、根本的管理思想,企业日常管理活动都要依据这个根本的原则来指导,一切的管理都需围绕这个根本的核心思想进行。管理理念决定企业的经营方向,和使命、愿景与价值观一样是企业发展的基石。

一套完整的经营理念包括三部分:第一部分是对组织环境的基本认识,包括社会及其结构、市场、顾客及科技情况的预见;第二部分是对组织特殊使命的基本认识。第三部分是对完成组织使命的核心竞争力的基本认识。总之,对使命的基本认识是如何在新的经济与社会环境中脱颖而出的领导之间。经营理念形成是经过日积月累的思考、努力及实践才能逐步形成和做到的。①

立明致远在创办之初,创始团队就使命、愿景、价值观和经营理念进行了充分的讨论,最后达成精神层面建设的共识,形

---

① 百度百科-经营理念［2021-10-2］. https://baike. baidu. com/item/经营理念

成了自己企业文化的基石。

　　立明致远物流大讲堂的使命：以服务于航运物流业企业为己任，帮助行业企业以最小的成本、最好的效果做好员工培训，建设坚强团队，培养核心竞争力。

　　立明致远物流大讲堂的愿景：致力于打造中国航运物流业线上线下相结合的职业教育培训首选平台。让行业企业通过本平台解决员工职业教育培训和干部领导力提升等的管理痛点，为中国航运物流业可持续高质量的发展做出应有的贡献。

　　立明致远物流大讲堂的核心价值观：奉献、分享、学习、公益。

　　立明致远物流大讲堂的经营理念：凝聚团队、追逐梦想、发展共赢、回馈社会。

　　经过三年风风雨雨、披荆斩棘的艰苦跋涉，我非常欣慰地看到，我们的团队一直在践行公司的使命、价值观和经营理念，靠愿景激励，一直朝着梦想，不忘初心，砥砺前行。目前大讲堂在中国沿海口岸已有一定的口碑和影响力，我们拥有一支由百人以上的高校名师、法律界精英和企业高管组成的优秀讲师团队，在全国为中远海运控股股份有限公司、招商局集团有限公司、厦门建发集团有限公司、厦门象屿集团有限公司等财富世界五百强旗下企业；为上海虹口区航运商会、上海市国际货运代理行业协会、大连市物流协会、深圳市国际货运代理协会、青岛现代服务业联合会、厦门市国际货运代理协会、中航运物流俱乐部等商协会；为航运物流业著名企业，如：厦门集装箱码头集团有限公司、上海锦江航运（集团）有限公司、中谷海运集团有限公司、美设国际物流集团股份有限公司、上海欧坚网络发展集团股份有限公司、深圳市华展国际物流有限公司、深圳市中进国际货运代理有限公司、深圳市鸿安货运代理有限公司、航都(厦门)国际货运代理有限公司、厦门远海集装箱码头有限公司、港中旅华贸国际物流股份有限公司、环集供应链管理股份有限公司等举办过超百场讲座或培训,获得受训单位和员工的一致好评。至今,我们已举办了四场面向全国各口岸行业企业及个人的物流暨供应链管理高峰论坛。本人也非常荣幸被深圳市国际货运代理协会聘请为行业顾问,被中外运集装箱运输有限公司聘请为专家,被国内十几家行业企业聘请为企业管理顾问,与行业企业结成战略合作伙伴关系,大家一起凝聚智慧,群策群力去奋斗去打拼去创造中国航运物流业的美好未来。

综上所述,确立新创企业的使命、愿景、价值观、经营理念是创始人的职责,不能授权给其他人完成,而且创始人和 CEO 要让员工真实感受到使命、愿景、价值观和经营理念的存在,并成为指引他们前进的灯塔,而不是悬挂在公司办公大厅墙上的中看不中用的口号。

设计一个新颖独特的徽标(logo)

徽标(logo)是一个企业的重要标志或重要特征,它是企业的形象,不仅可以明显地将该企业和其他企业区分开来,而且可以传达企业的经营理念和企业文化,以形象的视觉形式宣传企业。因此,创业者一定要设计一个优秀的 logo,以自己独有的视觉符号系统吸引公众的注意力,并使其产生记忆,促进顾客对企业所提供的产品或服务产生高度的品牌忠诚度。

学过管理学的人都知道企业识别系统（CIS）这个概念。CIS，简单地理解，就好比是一个人的相貌、穿着、打扮等。人主要靠相貌、穿着、打扮来相互区分，企业则靠 CIS 来相互区分，因此，CIS 对一个企业的生存和发展具有重要价值。尽管对于一个初创企业来说，建立一套完整的企业识别系统，条件并不具备也没有必要，但创业者至少应该在企业标志设计上多费心思。企业标志对企业品牌传播的重要性仅次于商号，对企业的发展壮大有着不可估量的潜在意义。

企业标志的设计重在创意，重点要把握以下几点：

1.设计要符合大众的直观接受能力、审美意识和社会心理，避免触及禁忌。

2.构思需慎重，力求深刻、新颖、巧妙、独特、表意准确，能经受时间的考验。

3.构图要凝练、美观，适应其应用物的形态。

4.图形、符号既要简练、概括，又要讲究艺术性。

5.色彩要单纯、强烈、醒目。

在创办立明致远大讲堂之初，我就邀请厦门华想设计公司的蔡设计师设计一个符合我司寓意的新颖标志，在此非常感谢蔡设计师的专业和天分，设计了一个令我非常满意的公司图标（如图 1-1）。

蔡设计师非常巧妙地将长风破浪的帆船图形作为立明致远徽标的主设计元素，并融入中文"立明"二字和沟通交流的对话框，整个图形犹如一艘承载企业愿景驰向美好未来的帆船，既象征着我们从事的是"航运物流业职业教育培训和管理咨询"事业，又把帆和船体组合在一起让人一下子就看出"立明"的字样；满帆的构图寓意：祝福立明致远扬帆起航，劈波斩浪驰

图 1-1 立明致远(厦门)管理咨询有限公司标志

向梦想的彼岸。

　　最后提醒创业者一句话,徽标设计好了,要第一时间向国家专利局申请商标注册。以免日后企业出名了,被不法之徒抢注商标,届时需要耗费大把时间、金钱和精力才能把商标权利要回来。

税务规划

　　如果创业者是大学应届毕业生或是初涉职场的新人,此时,即使公司条件不允许聘请专职会计,那也应该找一家有口碑有实力的财务代理公司来做账,不要因贪图便宜而找一些没有资质或者不专业的代理公司。因为财务账册是一家公司健康稳定发展的基石,频繁地更换财务人员或代理公司会造成交接不清、账目混乱等不良后果,给企业未来的发展埋下隐患。

　　创业伊始,创业者一定要合法、合规、合理地经营公司,所有进出账都要有相应的票据,特别是创始人不能私自动用公司的资金,不能公款私用。

公司开始运营后,有业务往来就涉及开具发票来收款的问题,此时,创业者需要决定自己公司的定位是"小规模纳税人"还是"一般纳税人"。

1.小规模纳税人

国家税务总局规定,所谓营改增小规模纳税人即应税服务的年应征增值税销售额未超过 500 万元的纳税人[销售额=含税销售额/(1+征收率)]。相关政策规定,应税服务年销售额超过规定标准的其他个人不属于一般纳税人;非企业性单位、不经常提供应税服务的企业和个体工商户,应税服务年销售额超过一般纳税人标准可选择按照小规模纳税人纳税。

小规模纳税人主要有以下三种征收方式:

(1)查账征收

税务机关按照纳税人提供的账表所反映的经营情况,依照适用的税率计算缴纳税款的方式。这种方式一般适用于财务会计制度较为健全,能够认真履行纳税义务的纳税单位。

(2)查定征收

税务机关根据纳税人的从业人员、生产设备、采用原材料等因素,对其产制的应税产品查定核定产量、销售额并据以征收税款。这种方式一般适用于账册不够健全,但是能够控制原材料或进销货的纳税单位。

(3)定期定额征收

税务机关通过典型调查,逐户确定营业额和所得额并据以征税。这种方式一般适用于无完整考核依据的小型纳税单位,以餐饮业为主。

小规模纳税人一般只能开具增值税普通发票,不能开具增值税专用发票,取得的销售收入均为含税销售额。但如果小规模纳税人向一般纳税人销售货物或提供应税劳务,购货方要求销货方提供增值税专用发票的,税务机关可以为其代开增值税专用发票。

小规模纳税人的应纳税额＝销售额×征收率,并不得抵扣进项税款。自2014年7月1日起,小规模纳税人增值税征收率一律调整为3％。2021年3月5日,国务院总理李克强在《2021年国务院政府工作报告》中说,将小规模纳税人增值税起征点从月销售额10万元提高到15万元。

小规模企业未产生税金也需要进行纳税申报,即为零申报。需要注意的是,连续三个月零申报属于异常申报,将被税务局列为重点关注对象。或者虽然有间隔,但一年内有6个月零申报,企业还是有可能被查账、被处罚的。

2.一般纳税人

国家税务总局规定的所谓营改增一般纳税人,即应税服务年销售额超过500万元的纳税人。应税服务年销售额未超过500万元以及新开业的增值税纳税人,可以向主管税务机关申请一般纳税人资格认可。小规模纳税人有固定的生产经营场所,能够按照国家统一的会计制度规定设置账簿,根据合法、有效凭证核算,能够提供准确税务资料的,可以申请成为一般纳税人。除了国家税务总局另有规定外,纳税人一经认定为一般纳税人以后,不得转为小规模纳税人。

一般纳税人增值税征收率是根据公司销售产品或服务的不同而适用不同的税率,并可以抵扣进项税。比如,销售或进口货物,提供应税劳务,提供有形动产租赁服务,适用13％税率;销售或进口税法列举的货物,提供交通运输服务、邮政服务、基础电信服务,适用9％税率;提供现代服务业服务(有形动产租赁之外）、增值电信服务,适用 6% 税率;纳税人出口货物,适用 0% 税率等。

不管是小规模纳税人还是一般纳税人都应以一个月或者一个季度为一个纳税期,自期满之日起 15 日之内申报纳税。纳税人进口货物,应当自海关填发海关进口增值税专用缴款书之日起 15 日内缴纳税款。

综上所述,对于初创企业,除非从事进出口贸易,或者进项税款很多,否则建议先申报为小规模纳税人,可以享受低税率(3%)等政府扶持政策。等日后公司发展到一定规模了,再申请认证为一般纳税人。反之,一开始申请为一般纳税人,如果日后公司规模缩小是不能转为小规模纳税人的,还是要按 6% 以上的税率来缴纳增值税。

本章总结

1.创业者有了创业的念头的时候,最好能够利用自身的优势或者在自己拥有核心竞争力的领域去尝试。创业者要认真思考自己或合作伙伴身上拥有哪些不比寻常的优势,借此能为社会、行业或顾客创造什么价值,能为社会或顾客解决什么问题,能助力自己在某一领域至少做到某一区域的领先水平。

2.每一个创业者应该深深认识到公司名号在市场竞争中所起的作用,它直接影响到消费者选购产品或服务的行为,因此要精心设计公司的名号和商标。给企业起一个让人印象深刻、具有时代感与冲击力的名字,对提高公司的知名度和竞争力尤为重要。而设计一个优秀的 logo,以自己独有的视觉符号吸引公众的注意力并使其产生记忆,可以促进顾客对企业所提供的产品或服务产生最高的品牌忠诚度。

3.所谓企业精神层面建设就是要明确公司的使命、愿景、价值观、经营理念等,这是一家公司的基础,是未来百年基业的起点,一点也不能忽视和马虎。所以,确立新创企业的使命、愿景、价值观、经营理念是创始人的职责,不能授权其他人完成,而且创始人和CEO要让员工真实感受到使命、愿景、价值观和经营理念的存在,并成为指引他们前进的灯塔,而不止是悬挂在公司办公大厅墙上的中看不中用的口号。

4.对于初创企业,除非你是从事进出口贸易,或者进项税款很多,否则建议先申报为小规模纳税人,可以享受低税率(3%)等政府扶持政策。等日后公司发展到一定规模了,再申请认证为一般纳税人。反之,一开始申请为一般纳税人,如果日后公司规模缩小是不能转为小规模纳税人的,还是要按6%以上的税率来缴纳增值税。

§ 第二章 §

组建创业团队

👁 案例导入

　　美国著名的西华公司(原名萨耶·卢贝克公司)的创始人理查德·萨耶是做小本生意起家的,他的事业发展到后来那么兴旺,连他自己都感到吃惊。他的成功之处在于善于发现人才和使用人才。

　　萨耶最初在明尼苏达州一条铁路做货物运输代理业务。做这种业务,有一件令人头痛的事情,那就是有时收货人嫌货物不好而拒收,收不到货款不说,还倒赔运费。萨耶是一个善于动脑筋的人,不多久,他就想到了邮寄这种方式。出乎意料的是,这一方式竟然非常成功,于是同行都纷纷仿效,大有超越他这个发明人的势头。萨耶意识到必须扩大规模。可扩大规模就得有人手,去哪里找这样的人呢?

　　在一个月光皎洁的夜晚,他碰到了迷路的卢贝克,两人一见如故,竟然谈了个通宵。卢贝克非常欣赏萨耶的经营思路,萨耶万分激动,盛情邀请卢贝克加盟,两人一拍即合,"萨耶·卢贝克公司"就在那个夜晚诞生了。

　　两个人合伙使生意突飞猛进,他们开辟了多种经营方式,突破了运输代理范围。他们的生意越做越大,却发现自己已无力管理好公司,因此想找个人帮他们管理,但是过了好长一段时间都没找到合适的人。

突然有一天，萨耶下班回到家时，看到桌子上放着一块妻子新买的布料。"你要的布料，我们店里多得很，你干嘛还花钱去买别人的呢？"他有点不高兴，因为他经营的小店确实有很多同样的布料。

"这种布料的花式很特别。流行！"妻子说。

"就这种布料，也能流行起来？它不是去年上市的吗？一直都不好卖，我们店里还压着很多哩。"

"卖布的这么说的，"妻子说，"今年的游园会上，这种花式将会流行。瑞尔夫人和泰姬夫人到时将会穿这种花式的衣服出场。这可是秘密哦，你不要告诉其他人。"

萨耶感到有些好笑，所谓的流行，不过是骗人的谎言罢了，抬出当地的两位贵妇人，也不过是促销罢了，想不到他这样精明的商人，竟有这么一个容易上当的妻子。

到了游园会开幕那一天，果然如妻子所言，当地最有名望的两位贵妇瑞尔夫人和泰姬夫人都穿上了那种花式的衣服，其次是他的妻子和其他极少的几个女人穿了。那天，他的妻子出尽了风头。更奇特的是，在游园会上，每一个女人都收到一张宣传单：瑞尔夫人和泰姬夫人所穿的新衣料，本店有售。这哪是什么新衣料啊？但萨耶突然开窍了：这一切，都是那个卖布的商人安排的！手段可不同凡响啊！

第二天，萨耶和卢贝克带着妻子的宣传单，到那家店去，想看一下那个商人到底是谁。在看到该店挤满了购买者之后，萨耶和卢贝克一下子对那个商人佩服得五体投地。但当他们见到那个商人时，却又不禁哑然失笑：那个商人竟然是他们的老熟人路华德——经常和他们做生意的人。

寒暄之后,萨耶和卢贝克开门见山:"我们想请你去做我们公司的创业者。""请我？做创业者?"路华德简直不敢相信这个事实,因为萨耶和卢贝克的生意在当地做得太好了。路华德要求给他3天时间考虑,因为他自己正做着生意,面临着选择。

"当然可以,"萨耶说,"不过,这3天内,你得保证不能到其他公司工作啊。"

"那是肯定的,"路华德笑了,"我还没有那么俏,不会有人找我的。"

事实上,萨耶的担心一点也不多余,因为他们刚刚离开,就有两家化妆品公司登门邀请路华德加盟了。路华德也是一个守信之人,因为和萨耶有言在先,就拒绝了那两家化妆品公司。

出身于市井小店的路华德对萨耶和卢贝克深怀感恩之情,工作十分投入,很快做出了卓越的成绩。他和萨耶、卢贝克齐力拼搏,公司业务蒸蒸日上,10年时间,公司营业额增长了600多倍。后来,公司更名为西华公司。如今的西华公司有30多万名员工,主营零售业,每年营业额高达70亿美元。这个营业额,在美国零售业中属于一流成绩。

（摘自阳飞扬.2011.从零开始学创业［M］.北京:中国华侨出版社.)

寻找合适的合伙人

2018 年底，我决定自己开办一家公司，搭建一个平台把自己想要从事的"教书育人"的事业进行公司化运营。一开始，我和家里人商量：把自己 30 年的积蓄拿出 200 万人民币，用 3 年的时间来做尝试。这期间不管是 200 万花完了，还是 3 年时间到了，我仍是一事无成的话，就收手，完全回归家庭，真正过上退休生活。

鉴于此想法，我在 2018 年 11 月 18 日登记注册公司时，就以我和儿子的名义注册了"立明致远（厦门）管理咨询有限公司"，我任法人代表、董事兼经理，儿子任监事，把我原来"韩进海运"（HANJIN）的老同事黄琦蓉招到身边，在家附近的厦门远洋大厦 22 楼租了一个创客空间（60 平方米），简简单单地开始自己的创业生活。

不料，我创业的消息一传出去，特别是 2019 年 1 月 18 日，我在厦门宾馆举办了"立明致远物流大讲堂"启动仪式，宣告我职业转型正式起跑后，身边不少好朋友纷纷给予我大力支持和无私帮助。特别值得一提的是，2019 年初的一天，我到上海出差，刚从地铁 10 号线步入上海虹桥机场候机厅时，接到厦门旭盈物流股份有限公司创始人许燕萍女士的电话，她说得知我老骥伏枥，重新开始新征程，他们伉俪决定赞助我 3 万元资金。当时，在虹桥机场偌大的候机厅里，我不禁热泪盈眶。回到厦门后，我第一时间赶到他们的办公室，对许总和叶总伉俪的慷慨力挺表示衷心的感谢。彼时，许总微笑地对我说："黄总，我们本来想赞助你更多的金额,不过,当年我们旭盈就是用 3 万元创业的,我们希望你也能够以此为起点,把立明致远做大做强去实现你的梦想和目标。"听完许总的一席话,我内心充满了温暖,感恩的心情久久不能平静。

又过了不久,我多年的合作伙伴、中航运物流(厦门)俱乐部核心成员之一的厦门荆艺科技有限公司董事总经理郑志鹏先生打电话给我,他说得知我创业,他们公司董事会开会,决定要投资我的公司,成为我的创始股东。当时,我还没有吸收其他人成为公司股东的想法,因此就委婉地拒绝了。不料,郑总毫不气馁,在接下来的几天里连续给我两次电话,表示入股"立明致远"的强烈愿望,希望我好好考虑一下。其间,又有一些好朋友也表达了入股"立明致远"的意愿和兴趣。这些好朋友的信任和肯定,促使我慎重地考虑他们的意愿。最后,经过缜密的全盘斟酌,我同意吸收"荆艺科技"和两位好朋友成为我的创始股东,同时更新了公司营业执照的股东组成和章程,由本人出任公司的董事长兼总经理。

时至今日,当我和身边的伙伴们回顾这一段创业初期的经历时,我总是对大家说:"当时吸收'荆艺科技'成为创业合伙人是最正确的决策之一。"因为,我一再向人们提到,虽然我是一个航运物流业的老兵,但对于互联网和教育培训,我的水平相当于幼儿园的孩子,急需学习和帮助。正是由于"荆艺科技"的加入,凭借其强大的专业团队的鼎力支持,立明致远物流大讲堂的官网和微信公众号建设才得以在 2019 年上半年顺利而迅速地完成。在此后的日常维护运营中,"荆艺科技"的团队始终是我最强有力的助手。

结合自身的经历,我想给创业者一个真诚的建议:"凡事只靠一个人,这样的公司最脆弱。"一个人的力量毕竟是有限的,一个好汉三个帮，"刘关张"拧成一股绳才有了三分天下。面对激烈的竞争，有人结伴而行，事业才能成功，有挫折有困难的时候才有人陪伴在你身边一起扛过去。

但是，挑选合伙人是一个非常慎重的过程，中国有句俗话——"合字难写。"一般的企业都和家庭一样，普遍存在着只能共苦不能同甘的现象。在创业伊始，大家还能团结一心，努力打拼，等到公司盈利了，在分配利益时，冲突可能就随之产生，最后演变成水火不相容，甚至对簿公堂不欢而散的关系。很多合伙企业的合作关系要么过于紧张而令人难以忍受，要么紧张不足而缺乏效率。有的合伙人要么相互挑战，导致彼此交恶，要么陶醉于彼此的奉承之词而无所受益。

所以，选择合伙人一定要选择志同道合、三观相符、心胸宽广、优势互补、德才兼备的伙伴。理想的合伙人不仅是一个能为你提供资金、经营方法、经验或其他方面支持的人，更重要的是他们应该是能让你信任、尊重并能与你同甘共苦的人，是与你有共同经营目标和价值观的人。创业者一定要记住千万不能与满口花言巧语、不诚信的人，自高自大、不尊重他人的人，随心所欲、不尊重制度和规则的人合作。

1号店联合创始人、曾任戴尔全球采购副总裁和亚马逊全球供应链副总裁的于刚先生在其《激情创业》(2018)一书中认为寻找创业合伙人，最重要的是：第一，双方的价值观要非常一致，大家一起做的是一个事业，而不是一件事；第二，相互之间要非常信任，不能小肚鸡肠；第三，最好有互补的思维和能力，能产生 $1+1>2$ 的效果；第四，要有个好机制让合作伙伴们能有效沟通和消除隔阂。有了好的合作伙伴，由于彼此互相尊重和激励，于刚发现创业变得很简单、很有乐趣。遇到困难时，可以拍着对方的肩膀说："没有关系，这些坎坷将来都是我们的故事。"

总而言之,好的创业合伙人可以让创业少走弯路,少些压力,更多地享受创业带来的乐趣,并创造更大的价值。

选择好合伙人之后,在正式商事注册登记之前还要先处理好以下几个问题:

1.理清选择合作的原因,明确合作的目的和目标。当单个创业者没有足够的力量支起创业大旗时,可以找一些三观相符、资源共享、优势互补、目标一致的人合作,使自己变得更加强大,如果合伙人纯粹只能投入资金,要特别慎重。

2.明确合作伙伴的职责。合作初期,一定要明确合作伙伴各自的职责,不能模糊。这样,能保证在今后的经营中不至于互相扯皮,推卸责任。

3.合伙投入的比例和利益分配。如果各方都是根据出资金额来计算股比的话,那还简单一点。有些公司,合伙人是根据自己提供的资源或技术来作价占股的,此时,一定要根据董事会决议,通过书面方式确定。

4.合伙人之间的信任。中国人比较重情义轻合同,这种习惯直接导致一些合作细节模糊不清,如果出现问题就可能互相推诿扯皮,留下一堆乱摊子。所以,合伙创业的正确做法是,将朋友和亲友之间的合作建立在商业基础上,用商业的解决方法去解决合作纠纷,一切合作细节都提前清晰化、合同化,创造一个良好的合作平台。

同时,创业者还应认清合伙创业存在的五大误区:

1.人人都是老板。这是合伙企业最常见的误区之一,每个合伙人都以主人的心态处理事务,谁也不听谁的,各执一词,导致公司秩序混乱,员工无所适从,这样的创业必定走向失败。

2.利润按人头分。合伙时,利润划分是最敏感的话题。由于合伙人对公司的贡献不可能是完全相同的,如果按人头分,无疑伤害了贡献大的合伙人的权益。所以,利润的划分必须以公平合理为前提,合伙人付出的金钱、技术、客户资源、劳动都应该算作划分依据。

3.不重视沟通。有些合伙人因为各种原因是不直接参与公司经营管理的,此时,合伙人特别是最高管理者应该要加强沟通,及时交流信息,以促进合作的顺利进行。不要让合伙人因为缺乏有效的信息沟通而对事业缺乏共同的理解,或者对公司的运营状况不太了解,从而导致不必要的矛盾和误会,最终影响合作或伤了感情。

4.人情化管理。创业伊始,公司规模不大,创业者基本都是用人情化管理方式。这种人情化管理方式与现代企业制度是完全冲突的,往往会使企业陷入"人情化"陷阱,失去了管理的刚性约束力,不利于企业未来的竞争和发展。所以,企业在创业之初就要致力于逐步完善自身的管理体系和制度,为企业今后的可持续高质量发展奠定坚实的基础。

5.口头合同。创业者特别是一些初涉职场的年轻人没有社会经验,没有意识到签订书面合同的重要性,尤其是和朋友、同学合作时往往都只有口头承诺。然而,创业者一定要记住生意和感情是两回事,没有书面合同,一旦产生纠纷,就没有可以作为评判的标准,反而会更加伤害感情。因此生意场上的事一定要有明确的规章制度,约定性的内容一定要签订书面合同。

总之,合伙创业的创业者们要掌握三个原则:(1)合伙人一定要双赢,否则不会长久;(2)草拟合同时一定要把最糟糕的情况写清楚并写明解决措施——即使双方在谈判时关系很融洽,觉得不会有问题;(3)在法律保护方面不能省钱,就像环境保护一样,治理污染比预防污染的成本要高得多。

组建强有力的运营团队

寻找合适的团队成员

初创企业虽然有了志同道合的合伙人，但有些合伙人基本上有自己的一番事业，他们只是提供资金、创意或人脉等资源，不能全身心地投入到新创公司的日常运营中，只是偶尔来开开董事会而已。此时，创业者自己组建一个强有力的运营团队就是接下来最重要的任务。

第一，创业者要知道自己需要什么样的人才。创业者应该根据既定的使命、愿景和目标，进行合理的职位设计，然后分析自己目前的人才需求，精准地确定招人、选人的方向。创业者可以自己在行业内寻找人才，或者通过熟人推荐及一些招聘渠道来实现。为了提高效率和精准度，创业者也可以在预算内，委托猎头公司帮助寻找合适的人才。

处于创业期的企业是社会的新生儿，规模小、实力弱，还未得到社会的广泛认可，要引进人才往往会遇到比成熟企业更多的困难，因此，共同愿景的激励和创业者的魅力将起到至关重要的作用。

第二，用合适的人胜过用最好的人。精明的创业者能将合适的人才放在合适的位置，做到人尽其才，物尽其用，形成上下齐心、同舟共济、兴旺发达的局面。反之，如果一开始就花重金招聘了所属行业顶级的人才加入运营团队，这些人虽然确实具有很强的能力，但他们可能自视较高、非常自负，很难融入团队,工作效果往往大打折扣。因此,创业者在招聘员工时,只要公司没有急速扩张的计划,那所招聘员工的素质能满足公司未来1~2年的工作需求即可,最关键的是看他的三观是否跟企业相符,考察他的稳定性如何。

被外媒誉为"硅谷最牛的50个天使投资人"之一的硅谷资深创业者本·霍洛维茨在其《创业维艰》(2015)一书中告诫创业公司CEO:创业之初,庙小不要招大和尚,招合适的人最重要。如果创业公司规模不大,而且CEO也没打算很快就壮大公司规模,那么招的人只要能胜任接下来18个月的工作即可。如果你为了给自己的公司撑门面,一定要找一名曾在大公司担任过主管的高管,那会面临两种危险的不匹配的情况:一是,节奏不匹配。大公司的主管已经习惯等待邮件的到达,习惯等待会议、行程等被安排得井井有条后才按部就班地开展工作。那么在初创公司,他会长时间处于等待状态。而创业公司的主管,除非自己找事做,否则便无事可干。二是,技能不匹配。大公司的管理者往往比较擅长复杂的决策、机构设计、流程改进以及部门交流,认同次序优先等。而初创公司的管理者必须能够非常熟练地招到合适的人,具备丰富的专业领域知识,懂得从零开始创建流程,而且在把握新方向、制定新任务方面要有非常强的创造力。

从加速公司发展的角度而言,没有什么比雇佣一位在创建类似规模的公司方面富有经验的人更有效果了。创业公司的CEO必须招聘并管理那些远远比你胜任他们工作的人,你要清晰地知道自己想要找什么样的人,要避免落入下面的陷阱:第一,凭外表和感觉招人;第二,一心要挑选与众不同的人;第三,看重的是应聘者身上没有弱点,而不是其长处。所谓金无足赤,人无完人,你必须清楚自己需要的应聘者应具备什么能力,然后找出具备这种能力的人,而忽略他在其他方面的弱点。

如果创业者经过深思熟虑之后,还是决定从外部聘请资深人士助推企业,那一定要明确两个原则:一是要挖的人不是冲着钱来的,凡是用钱买来的团队都是靠不住的,只要竞争对手开的价码更高,他们随时都有可能抛弃你;二是要挖的人深度认同你的价值观和经营理念。然后,为了防止资深人士沿用过去的办事方式、玩弄权术驾驭制度、比你专业精通而使坏等麻烦,你应拿出适当的应对之策来防患于未然,比如:首先,要求他们顺应公司的企业文化,适应你的办事风格,避免他们为争权夺利而使诡计,一旦发现,绝不姑息;其次,制定一个清晰明确的高标准工作要求;最后,严格要求他们不仅要自己完成任务,还要善于与人合作。

招到新人后,CEO 要积极帮助新人融入公司,确保新人和同事以及公司中的重要人员进行接触和交流,促使他们积极创造,确保他们做出相应的贡献,因为公司其余员工一直在从旁观察。此外,要确保他们明白自己的职责所在,如果 30 天之后,他们还没掌握情况,还无事可做,还提不出任何问题和报告,那就要毫不犹豫地解雇他。

第三,创业者要确保每个职位既有很高的工作要求,又有较宽广的工作范围;它应该带有挑战性,能使员工充分发挥自己的优势;它为员工提供足够的表现空间,使员工能将与任务有关的优势转化为公司需要的重大成果。

第四,创业者在用人时绝不能只看到职位的要求,应该着重考虑被用之人究竟有哪些长处还可以为公司所用。有时候甚至连创业者都要身兼多职,亲力亲为做很多基层的事务。

最后,卓有成效的创业者必须清楚地认识到"人无完人",若想利用某人的长处,就必须能够容忍他的短处。只要他的品格没问题，且他的价值观与企业的价值观基本一致，那在他的缺点不足以成为妨碍组织前进的障碍时，就多用包容的眼光看他的短处，多关注他为公司所创造的价值。有效的创业者从来不问："他能跟我合得来吗？""我喜欢这个人吗？"他们问的是："他贡献了什么？""他在这个职位上能否干得非常出色？"一个不能用人之长、容人之短的创业者，就不是一个合格的创业者。

逐步完善管理制度

一般的创业公司规模都不大，创业者招的员工大部分是熟人或朋友，所以管理公司靠的是人性化的管理。随着公司业务逐步走上正轨，创业者此时就要注意着手制定和完善企业的劳动用工制度、薪酬福利制度、员工守则、培养人才机制和约束措施等。

公司经过面试和笔试，决定录取某个员工时，为了保证员工的身体状况适合从事该专业工作（特别是饮食行业，员工要事先办健康证），在集体生活中不会造成传染病流行，不会因其个人身体原因影响他人，公司根据《劳动法》的规定，可以要求员工做"入职前体检"，提供体检报告。

新员工在进入公司之前应到人事部门办理劳动人事关系，签订劳动合同、填写员工基本情况登记表等，做好公司规定的相关入职手续，并提交学历学位证书、资历证书等正本供查验，公司人事部门应给予建立档案留底。

在此，提醒初创企业领导者，公司的相关规章制度不应只是束之高阁的摆设而已，为了避免员工离职后可能跟公司产生的纠纷，公司创始人或人事部门一定要将公司的相关规章制度以邮件、微信、内部刊物、办公系统等各种方式告知全体员工，最好让员工书面签字确认，有条件的公司还要组织员工考试，合格后才能留任,以此确定员工对公司相关管理制度的了解及掌握。

一些有专利或有核心技术的高科技创新公司,为了保护本公司的商业秘密,避免自身的损失,会要求员工签订保密协议(参见附录三)。但,由于两者之间是一种利益矛盾对立的关系,用人单位和员工在签订和履行保密协议方面很容易引起纠纷。因此,创业公司与员工签订保密协议时应注意以下几个问题:应在遵循《劳动法》的前提下,本着公平原则,兼顾双方的利益;明确保密范围;明确保密期限;明确保密主体和保密义务;明确违约的情形及法律责任。

创业公司由于存在太多不确定性,所以员工因不满意或看不到未来发展前景而另谋高就会是常态,因此,创业者特别是高科技创新公司跟员工签署竞业限制(禁止)或离职协议(参见附录四、五),就是一种常见的保护自己的手段。

竞业限制是保护商业秘密的一种特殊方式,一般要求在职员工不得到同类企业兼职;离职后多长时间内未经同意不得到企业竞争对手处任职;不得自行组建同类企业参与竞争;不得唆使原单位的其他员工接受外界聘用;不为企业竞争对手提供咨询、顾问等服务。

但是,竞业限制(禁止)合同是份有偿合同,离职员工承担保守企业商业秘密、不与原企业竞争的义务,应享有获取一定经济补偿的权利,目的是平衡双方的利益,此时,合理设置双方权利义务是关键。参照国家有关部委相关文件的规定,竞业限制(禁止)的时间一般不超过两年,此外,用人单位还必须支付一定数额的经济补偿,一般按年计算不得少于该员工离开企业前最后一个年度从该企业获得的报酬总额的2/3。

协议期间,如果员工发生违约行为,可按照《劳动合同法》

的规定处理,及约定一定数额或比例的违约金。但违约金额不得过高,对于保密协议,违约金一般不得超过员工所知悉的公司商业机密的许可使用价格;员工违反竞业限制条款的,违约金不得超过补偿金的1~2倍。

至于员工的正常离职,创业者一定要做好离职员工的面谈,了解其离职的真实原因,并让离职员工做好工作的交接,与交接人做好工作交接记录,签署离职员工交接表(协议)后结算工资,有条件的,可以举办一个欢送聚餐。创业者如何对待离职员工,会给在任的员工留下深刻的印象,对他们今后是否还会安心在公司工作起到决定性的作用。所以要善待即将离职的员工,如他们刚刚入职公司时一样给予关爱。

不管是员工主动离职还是被辞退,创业者应记住企业管理的一条基本原则:如果企业不能公平、公正地对待那些即将离开的人,那些留下的人就永远不会再信任公司了。

许多企业领导者在招人、留人、育人等方面做了很多工作,但往往忽视了维系流失员工关系的重要性。企业领导人应该用包容、宽容、从容的心态来面对员工特别是骨干员工的离开。既然终身雇佣制时代已经终结,那员工流失应该会是未来企业经营活动的常态之一。世界上最成功的对冲基金公司——桥水集团的创始人瑞·达利欧被评为全球最富裕的100个人之一(《福布斯》杂志),被视为100位最具影响力的人物之一(《时代周刊》),他的公司位居美国最重要的私营公司榜单的第五位(《财富》杂志)。瑞·达利欧在其畅销书《原则》(2018)中指出,诸如失去一位有价值的员工这样的挫折为企业提供了重要的学习机会——只要领导者愿意反思并找出造成这些损失的根本原因。

领导者应秉持"员工流失也是财富"的理念,在员工提出辞职时做好辞职面谈,了解员工离开的真正原因,如果是个人职业生涯规划,而且本企业无法满足他的需求时,那就乐见其成,祝福他并欢送他离开。如果是因为企业自身的原因造成员工的流失,甚至是导致他们跳槽到竞争对手企业去上班,那作为领导者和管理者就要特别重视,想办法采取措施来避免类似的现象再次发生,以维持组织队伍的相对稳定,这也是组织不断反省自我、完善提升自我的一个重要环节。

有条件的公司还应该安排专人建设前同事联络网,建立终身联盟的互惠关系,它会起到这些作用。

1.前同事联络网能帮企业雇到优秀的人才(前员工帮你推荐,可信度及可用性高还省去了猎头费用)。

2.前员工能提供有用的信息(包括真实的离职原因),更诚实的反馈(没有现任员工的压力)。

3.前员工能推荐客户。

4.前员工是品牌大使,他们对公司的评价拥有现任员工无法比拟的可信度。

但由于经营前同事联络网的收益在金额和时间上都是不确定的,因此大部分公司忽视了这个机会。如果更多公司研究公司前同事联络网就会发现,其投资成本远远低于领导者的想象,而回报则远远高于他们的想象。

强烈建议公司应派人力资源专员跟踪离职员工的去向,以此了解员工离职的真实原因。比如,如果很大比例的辞职者回到学校继续深造,公司可能有机会通过提供补贴或免费教育(培训)机会来提升留职率;如果数名员工离职回家作全职父母,也许更全面的工作——家庭计划会为员工提供更健康的工作—生活平衡;如果存在员工离职是给某个特定竞争对手效力的倾向,那么应该认真研究一下竞争对手的企业文化、发展计划、薪酬和福利,以弄清楚企业人才流失到对手那里的真实原因。

所以在收到员工辞职信的时候,不要感到沮丧或愤怒,也不要手忙脚乱找人来填坑,或亡羊补牢寻找对策来弥补员工离职造成的对公司的伤害,"而应该花更多的时间去思考员工辞职的性质,收集数据以弄清离职背后的真实原因,并考虑一下其在更广泛的意义上对企业的影响。随着时间的推移,通过利用哪怕是最痛苦的辞职行为所给予的学习机会,员工主动离职行为甚至可以成为管理者和企业不断进步的源泉。"(安东尼·克洛茨,马克·博利诺,2019)

创新组织模式

为了留住核心团队成员并招揽优秀的人才加入初创公司,传统的组织形态应该要做彻底的改变。建议创业者在法律顾问的指导下,创造一种机制,把员工变成合作伙伴,尊重员工并给予机会,包括共享企业成果的机会。星巴克快速裂变的成功得益于它的"358股权模式",即3%激励员工,员工不用出钱,就可以享受门店3%的股份分红;5%激励店长,门店店长每培养出一个新员工去开新店,就可以在新店入股5%。老店长只有培养出更多的人才,才可以获得更多的股份;当老店长在5家店拥有5%的股份之后,可以现金入股8%;在5家店拥有8%的股份后,可以拥有店面20%的股份,即从第11家店之后可以拥有单店20%的股份。

立明致远物流大讲堂在创立之初,董事会就通过决议:我从自己个人的股份里拿出5%的份额,其中2%分配给公司的员工和有功人士;2%分配给大讲堂的讲师团队;剩下的1%提取做公益基金,重点资助贫困学生完成学业和救助孤寡老人。

互联网时代,信息越来越趋于对称,创业的门槛越来越低,为了留住人才,传统的思维就是笼络加愚民,或者高薪留人,但是这样做的后果不仅使初创企业的人工成本与日俱增,还不能降低优秀人才的离职率。究其原因,创业者应明白现在的年轻人或者有一定能力的职场人都有想当老板的愿望,所以留住人才的最核心问题是企业的所有权问题,而不是你给他多少钱的问题。管理权再大,毕竟不是自己家的东西,如果哪天犯错,即使以前创立了丰功伟绩,还是会被"炒鱿鱼",所以职业经理人始终都缺乏安全感。

而企业特别是初创企业核心成员的离职对企业是致命的打击,因为员工离职后大多还是从事本行业,不管是到竞争对手那边上班还是自己创业,有两样东西是他会从原公司带走的,一是人才,二是客户资源。离职人才太了解原公司的人员素质和业务组成,挖墙脚最便利,所以,核心成员离职创业,尤其是创始合伙人分裂做同类型的公司对原公司是最危险的,比一个强大的对手可怕得多。

因此,创业者应清醒地认识到,创业型的人才始终都是要创业的,肯定留不住,那用合伙人制来让这些核心成员有当老板的感觉,把公司的事业当作自己的事业来做,人才就不会轻易流失。强烈建议初创公司在初创阶段就把这样的机制设计好,给核心员工当合伙人的机会,等核心成员提出离职了,一切可能都晚了。切记:关键人才的离去对初创企业可能是灭顶之灾。

如果创业者或初创公司创始人不想出让自己的股权,或者不想失去对公司的控制权而不愿采取合伙人机制,那建议采用新型的组织形态——联盟。世界最大的职业社交网站LINKEDIN(领英)创始人里德·霍夫曼携手本·卡斯诺查和克里斯·叶合著的《联盟》一书(2015)揭示了在互联网时代,企业雇主、管理者和雇员应有的合作关系——联盟,而非传统的终身雇佣制或时下流行的自由雇佣制。

此书作者观点鲜明地指出:"没有员工忠诚的企业就是没有长远考虑的企业,没有长远考虑的企业就是无法投资于未来的企业,而无法投资于未来机会和科技的企业就是已经在走向灭亡的企业。"那么,在互联网时代,如何培养才华横溢的开创型员工的忠诚度呢?作者给出了"联盟"和"任期"两个概念。

在互联网时代,企业领导者不妨将雇佣关系看作一个联盟:一份由独立的双方达成的,有明确条款的互惠协议。这种雇佣联盟为管理者和员工提供了建立信任、相互投资、共同受益的新雇佣关系框架。在这个框架下,员工致力于帮助公司取得成功,公司则致力于提高员工的市场价值和核心竞争力(让员工在劳动力市场上更抢手更值钱),而不是简单地用金钱交换员工的时间或用金钱购买员工的脑力或体力。公司只需要求员工在合同期内对公司忠诚即可。而对于那些优秀的员工,领导者的任务就是尽量延长他们的合同期。

联盟组织形态的最佳代表就是球队。每四年,每个国家在每个项目上都会组织一支代表队去参加举世瞩目的奥林匹克运动会,全体球员和教练员为了一个共同的目标——夺取奥运冠军而努力拼搏。等运动会结束,球队解散,又会重新组成下一届球队来争夺下一届金牌,而优秀教练和运动员也会被留在新的球队成为新球队的中流砥柱。

借势外部资源

初创企业，一般比较势单力薄，创业者因此要懂得创业最重要的事不是借钱，也不是借物，而是借势。可以说，"借力而行，借势而为"是创业者开创事业、成就大事的最高境界，也是他们完成自身伟大使命的最佳途径。借助外部资源，可以分为选择合适朋友圈、建立智囊团、聘请顾问、寻找资源互补的合作伙伴、与媒体和顾客搞好关系等。

选择合适的朋友圈

俗话说得好，"人脉就是钱脉"。在我们身边，经常会发现，有一些创业者能力超群、见解深刻、才华横溢，本以为他们可以创业成功，飞黄腾达，但最后却成功不了。究其失败的原因，不是没有能力，而是他们恃才傲物、目中无人、狂妄自大，不能很好地与身边的人相处，因此没有人脉，也就无法成功。

生意场上，我们会遇到形形色色的人，不可能所有人都是你的朋友，创业者应该做的是尽可能多的结交朋友，尽可能少树敌人。对于喜欢且优秀的人，我们应主动去交往亲近，将他们变成自己的朋友。而对于那些不喜欢的人，也不要本能地排斥，要多看对方的优点，包容对方的缺点。至于那些你实在无法容忍的人，可以敬而远之不去招惹。在中国做生意，讲究的是不得罪人在先，如果得罪了一个人，你后面要花十倍于以前的精力去修补你们的关系。在人生道路上，多一个朋友就多了一个援手；少了一个敌人，就少了一个成功路上的绊脚石。

　　此外,我们要注意融入身边一些行业先进精英的圈子,寻找能够帮助自己的"贵人"。凭着自身的能力,我们可能无法飞到预期的高度,这时候把精力花在埋怨自己天资不够、资历不深上,就会白白浪费时间。我们应该睁大眼睛去寻找可以一起高飞的鹰。掌握越多的人脉,就找到更多通向成功的道路。善于借助别人的力量,顺风行船,才能更快地到达目的地,如果想让自己的财富之路走得更加顺畅,就先积累人脉,织就人脉关系网。

　　生意场上,初期的探寻和摸索总是很困难的,懂得借助他人的力量、智慧、名望甚至社会关系使自己的事业有所发展,以后的路才会愈来愈顺畅,才能在与他人的竞争中赢得先机,并最终奠定成功的基调。常言道,"七分努力,三分机运",机运对于创业成功来说太重要了,它可以缩短你的奋斗时间,让你事半功倍。那机运来自哪里?一方面来自你平时的努力和积累,正如人们常说的"机会是留给有准备的人的";另一方面,机运来自于那些能够提携、帮助你的贵人和老师。

　　贵人分很多种,他可以是社会名流,可以是行业泰斗,可以是领导上司,也可以是老师长辈等等。所以在人生旅途上,首先要善于发现并挖掘身边的资源寻找贵人,并努力进入贵人的"法眼",得到贵人的认可、重视和关爱,争取进入贵人的核心圈。其次,要积极主动,又有分寸地表现自己,让贵人认可你的为人处世、事业成就和理想追求,激发贵人提携、帮助你的意愿。

　　我在决定创业的时候,就运用我曾经担任厦门市国际货运代理协会副会长兼秘书长,现任中航运物流俱乐部全国秘书长的优势,在全国范围内挖掘我30年从业经历结下的,特别是沿海八大口岸航运物流行业的人脉关系,在众多贵人(包括但不限于我前言提到的那些贵人)和好朋友的帮助和指点下,迅速地在八大口岸巡回开课演讲、互动交流,让立明致远物流大讲堂在比较短的时间内,在业界享有一定的知名度。这也是我常说的 50 岁创业和 30 岁创业的最大不同之处:资深职场人积累了丰富的从业经验和充沛的人脉关系,这让我们可以在面对挫折和困难时,多一点抗压能力,多一些贵人相助,多一份胜算。

无独有偶,于刚老师在其《激情创业》(2018)一书中也指出,人生应该分两步走,而首先和必须要做的事情就是积累。每个人都要先积累知识、财富、经验、资源,并被社会认可,这一步必不可少。有了充分的积累才可能真正有实力、有机会、有条件去实现自己的梦想。若积累不足,则往往会眼高手低,心有余而力不足,"徒有羡鱼情"。

对于互联网时代汹涌澎湃的年轻人创业潮,于刚老师给缺乏积累的年轻创业者的忠告是:(1)创业是马拉松,不是百米冲刺,不要急于求成,否则往往是"欲速而不达";(2)创业要迎难而上,做起来容易的事情也会因为容易被复制而缺乏价值;(3)创业需要激情,激情能激发创造力,可以把不可能变为可能。

至于迎难而上,于刚老师认为要满足以下三个条件:(1)要清晰了解困难所在;(2)要有克服困难的核心竞争力、方法和工具;(3)要有坚韧不拔的毅力。

建立智囊团

在战场上拼杀的军队不能没有军师(参谋),在生意场上纵横的企业也不能没有智囊团。微软创始人比尔·盖茨曾这么说过:"是微软公司的智囊团,是微软公司的人才优势撑起了一个时代。"从微软创立之初,盖茨就充分意识到智囊团的重要性,他对智囊团的关切远远超过市场经理或者其他高管,他采纳了如查尔斯·西蒙尼这样的电脑专家们的建议，而这些人正是微软的中流砥柱。可以说，比尔·盖茨用他人的智慧，构筑了自己的微软帝国。

拥有智慧的脑袋才能有正确的行动，如果自己不够聪明，就要想办法去借用。创业者要组建主要由专家、学者组成的智囊团，他们运用知识，整合集体智慧，为创业者的决策提供科学依据和最优化的理论，这对于创业者降低决策风险有着非常重要的意义。

当然，创业者在建立一个专业的智囊团的同时，也要善于采纳自己员工的意见，让公司里的每一个员工都有发言权，集众人之智来使公司不断发展壮大。比如世界级科技创业公司谷歌的企业文化就是"使命、透明和发声的权利"。

聘请好顾问

除了智囊团，创业者要懂得聘请一些行业精英来担任企业顾问。要切记顾问并不是什么闲职，他们不但要深入企业、了解企业，对企业提供有价值的帮助，还要能够提供自身的资源来帮助企业解决一些特殊问题以及填补企业在管理上的空白。所以，建立一个优秀的顾问团队，对企业，尤其是新创企业来说，能够发挥巨大的辅助作用，在事关企业长远的决策上发挥重大的影响。

通常，创业者聘请的顾问有管理顾问、法律顾问、财务顾问等。顾问应该发挥自己的专业优势，运用自己的经验、人脉，想创业者之未想，谋创业者之未谋。具体来说，顾问可以发挥以下几个方面的作用：

1.弥补创业者专业方面的不足，创业者不可能面面俱到，顾问能够在具体问题上提供专业的建议。

2.在创业者做出重大决策时发挥参谋作用,防止"一言堂",从而促进企业决策的民主化,降低独断专行的风险。

3.能够帮助创业者依法管理企业,让企业的管理法制化、规范化。

4.指导企业经济合同的管理,促进合同的制定更加科学全面。

5.调解企业与他人的纠纷;调解管理者与员工的矛盾;理顺企业内部与外部的关系,保证企业的合法权益不受侵害。

6.提供培训,为提高企业员工自身素质、提升企业管理水平提供有力保障。

创办"立明致远"之初,我综合了自己 30 年的从业经验,在企业创立后不久,聘请了原厦门港务控股集团有限公司董事长陈鼎瑜先生担任公司的管理顾问,聘请福建远大联盟律师事务所高级合伙人陈继东律师做公司的法律顾问。两位顾问对立明致远(厦门)管理咨询有限公司的建设和发展无私地奉献心血和智慧,是我的左膀右臂,是我创业路上最强有力的支柱。

寻找资源互补的合作伙伴

所谓资源整合,就是指企业对不同来源、不同层次、不同结构、不同内容的资源进行识别、选择、配置、激活和有机融合,使其具有较强的柔性、条理性、系统性和价值性,并创造出新的优势的一个复杂的动态过程。资源整合的唯一目的就是使企业获得最大市场竞争力并取得经济利益。创业伊始,大多数初创企业规模都不大,实力较弱,要面对激烈竞争的市场,拥有资源整合的能力,寻找资源互补的合作伙伴来一起把事业做大做强,是创业者必须修炼的生存技能之一。

作为资源整合的精彩案例、为企业界管理者津津乐道的是

1984 年洛杉矶奥运会筹委会在资源使用方面的智慧和独到之处。1978 年国际奥委会雅典会议决定由美国洛杉矶市承办 1984 年第 23 届奥运会,洛杉矶市随后开始了全面的筹划工作,首先成立了筹备委员会,邀请金融人士、45 岁的彼得·尤伯罗斯担任筹委会主席。在此之前,每届奥运会的开支都极其惊人,主办国家和城市都付出了巨大的代价。1972 年,慕尼黑花了 10 亿美元;1976 年,蒙特利尔花了 20 多亿美元;1980 年,莫斯科竟花了 90 多亿美元。尤伯罗斯任筹委会主席后,面临的第一个难题就是经费来源——既无政府补贴,又不能增加纳税人的负担,加之当时美国法律还禁止发行彩票,一切资金都得自行筹措。很多人认为在尤伯罗斯面前是一个无法逾越的天堑。

但是,尤伯罗斯充分利用身边所有可以利用的资源,表现出卓越的智慧和远见卓识。他与企业集团签订赞助协议;出售电视广播转播权和比赛门票;压缩各项开支,充分利用现有设施,尽量不修建新的体育场馆;不新盖奥林匹克村,租借加州两座大学宿舍供运动员、官员、工作人员住宿;招募志愿人员为大会志愿服务等。

当届奥运会,原计划耗资 5 亿美元左右,后来不仅没有亏空,反而有盈余。在 1984 年之前,奥运会都是赔钱的烫手山芋,但是,从 1984 年洛杉矶奥运会以后,奥运会成为各国经济发展的一个重要推动力,成了各国争抢承办的盛会。而尤伯罗斯也因为在本次奥运会承办过程中表现出来的杰出才华而一举闻名于世。

正如世界管理大师彼得·德鲁克所言:管理的功能就是整合资源并获得外部的经济成果。尤伯罗斯将社会上的各种资源安排得井井有条,利用授权、品牌建设等手段,调动全社会的各种资源为奥运会服务,使当届奥运会的举办取得了巨大成功,还让许多经济不发达的国家从中得到了鼓舞和启迪,对今后奥运会的举办产生了深远且积极的影响。

这就是资源整合的力量。

资源整合可分为战略整合和战术整合两方面。在战略层面上,资源整合反映的是系统的思维方式,就是要通过组织和协调,把企业内部彼此相关却彼此分离的职能,把企业外部既有共同使命,又有独立经济利益的合作伙伴,整合成一个为客户服务的生态系统,取得 $1+1>2$ 的效果。

在战术层面,资源整合是对各项资源进行优化配置的行为,就是根据企业的发展战略和市场需求对有关资源重新配置,以凸显企业的核心竞争力,并寻求资源配置与客户需求的最佳结合点。

综上所述,资源整合能够使看似困难的事情变得容易,能够使实际收益远远超过预期收益,能够使创业者完成自己单打独斗无法实现的目标。所以,每一个创业者都应该是资源整合的一流高手。

危机公关

经营之路特别是初创企业的经营不可能是一帆风顺的,创业者必须事先为突发事件的危机处理做好准备。当遭遇危机时,首先,创业者必须站在最前沿,率先收集信息,尽快制定对策,并落实到具体行动上。其次,根据制定好的对策建立一个完善的体制,对时刻变化着的实际情况做出迅速的应对。最后,要立刻准备对员工和社会做出回应。

在遭遇突发事件时,一定要正视现实,即使是对自己不利的、极为残酷的现实,也要正视它、接受它,然后考虑应该怎么做并付诸行动。此时，信息公开是最重要的手段，它能够帮你与员工及公众之间建立起信任关系。越是危机的时候就越能考验公司的高层是否够格。公司顺利时，无论谁来经营，都不会差到哪里去，但是，当遭遇危机时，如果领导者不能迅速做出准确的判断，企业就有可能遭受致命的打击。此时，能帮助公司安然度过危机，甚至能在危机中发现机遇，为公司创造新的利益点的人才则是公司千载难逢的栋梁，值得好好珍惜；而与新闻媒体搞好关系，则能帮助企业澄清事实，免于谣言的困扰，重新获得顾客和社会的信任，顺利度过危机，变得更加强大。

在这个媒体无所不在、无孔不入的数字化时代，如果有了媒体的支持，企业和创业者的品牌形象将扶摇直上；而一旦成为媒体攻击的对象，所有的努力和希望都有可能一夜之间被击碎。特别是步入互联网时代，随着社交媒体的出现，在企业出现危机过程中，无论对于公司还是个人而言，形势变化的速度都大大加快，如果不及时采取正确的危机管理原则和措施，那对企业和创始人的打击将是毁灭性的。

一家企业刚成立，恨不得让全世界的人都知道自己的品牌，实现这个目标最有效的方式就是媒体报道，但媒体一般不会去报道一家小企业创立的消息，除非这家企业有其特殊之处。所以，创业者要懂得和媒体交朋友。首先，不能敌视或漠视媒体。其次，要适当地制造一些正面的、有噱头的新闻来吸引媒体的追逐。此时，要注意，因为媒体的立场是要保护和体现公众利益，所以在介绍新创公司的产品或服务时不要重点讨论投资回报，而要从公众利益的角度出发，谈论自己的产品或服务怎样为社会创造价值，怎样为消费者节省时间或金钱以及如何提高人们的生活质量。最后，在公司发生危机时，要积极主动面对媒体澄清事实，并主动承担责任以维护公司的品牌和形象。

有"世界第一 CEO"之称的杰克·韦尔奇在其《商业的本质》(2016)中阐述了预防危机的四大原则：(1)在卷入危机之前就积累商誉，以备不时之需；(2)利用"多渠道"向公众发出响亮的声音，即便没有紧急的事情也要讲，也要这么做；(3)要善待离职员工，不要让自己的愚蠢之举引发危机，要避免员工心怀不满或痛苦地离开公司；(4)一切终将过去。

而当危机真的发生时，杰克·韦尔奇也给出他的危机管理原则：(1)无论你多么努力地想控制危机，它最后总是发展到比你想象的更大、更深刻的程度，即危机是不可能被遏制住的；(2)这个世界上不存在秘密之类的东西，此时，公司最高领导者不妨直接发一篇新闻稿，把一切细节说出来；(3)媒体会极力丑化你处理危机的方式，不要怕，勇敢面对，把你的真实想法告诉记者，但不要寄希望于他们会做出对你有利的报道；(4)在处理危机的过程中，要对公司内部的人事安排和工作流程进行变革，必须有人对危机负责，并付出"血的代价"；(5)如果应对得当，你的公司会在危机中生存下来，之后将变得更好，更强大。

企业的危机管理，除了前文论述的遇到重大事件或突发事件之外，日常经营管理活动中，最常见的就是"客户投诉"。如何处理好客户投诉，把抱怨的客户转变成满意的、忠诚的顾客已经成为所有企业，特别是新创企业领导者和管理者非常关注的课题之一。

国内人力资源管理与领导力提升领域资深专家孟广桥老师所著《让投诉客户满意离开》一书(2019)指出：所谓投诉的内涵，从用户的角度看，投诉是客户(消费者)在购买、使用商品或接受服务的过程中，认为商品或服务的质量、数量、价格等存在问题，或精神上受到了伤害，向商家、消费者协会、行政执法机关反映问题的行为。从商家的角度出发，投诉是商品或服务的使用者或接受者在购买、使用产品或接受服务的过程中遇到困难的求助行为，其核心是"求助"。

作为接受客户投诉的服务人员，我们既然明白了顾客来投诉其实是来求助的道理，那么就要去探究顾客投诉时的五种心理渴望，然后对症下药地去满足顾客的需求：

1.渴望被关爱。投诉者的根本目的也是重点不仅在于解决商品或服务的问题，更是要让自己受伤的心得到抚慰。

2.渴望被倾听。优秀的客诉人员能使投诉者的激烈情绪得到发泄，不至于火上浇油，使其失去控制。

3.渴望被尊重。客诉人员要帮助客户实现购买商品或服务时预期得到的尊重。

4.渴望被满足。接受投诉时，我们不仅要满足客户既定的需求，还要满足其因既定的满足没有实现而产生的其他需求。

5.渴望被补偿。补偿有显性和隐性之分，优秀的客诉人员在解决好投诉的显性需求的同时，应观察、分析客户投诉的真正心理需求，做出让客户满意的处理结果。

作为一家企业，我们处理投诉的根本目的在于：(1)为客户解决显性问题。(2)解决客户的隐性问题(高层次需求问题)。(3)最重要的是通过解决客户问题来解决企业内部问题，即通过投诉发现商机、企业经营过程中存在的问题及员工的素质问题等，比如：补填漏洞，完善制度；检验公司整体系统效能；发现新商机；培育忠诚客户；了解市场动态等。美国 TARP 公司总裁约翰·古德曼说："每个客户投诉都能提供一个改善流程、培养客户和加强客户忠诚度的机会。"

接下来，向大家介绍一下处理投诉的六步法：

1.受理投诉：礼节恰当、切勿做作；要事第一、注重效率；系统思考(单一窗口)、成就结果;做好登记、统计分析。

2.调理情绪:当下核心目标是转化投诉者对公司的态度,远期目标是让投诉者成为正面宣传公司的使者。

3.理清事实:与当事方进行核实,不要遗漏,不要猜测,要用事实去证明。

4.协商解决:遵循尽量采用客户意见、尽企业应尽义务、尽量使客户满意、尽量给客户后续关照的原则。

5.快速落实:做好计划,明确分工,设定时限,及时督导,明确验收。

6.感谢回访:一般在落实处理措施后的 3~5 天安排拜访客户,表示感谢并期待未来更紧密的合作,间隔时间太长或太短都会影响回访效果。

既然接受客户投诉的工作这么重要,那企业要选择什么样的员工来当客诉人员?经过专题问卷调查,客户喜欢的优秀客诉人员的特质为:担当、专业、坦诚、理解、热情、宽容。

有时候,企业会面对一些难缠的投诉者,他们的特征是:(1)职业打假人(通过赔偿牟利),或是投诉达人(通过维权成功获得满足感);(2)伪君子;(3)假"法通";(4)自恋狂(固执自私的人);(5)蛮横人(黑社会或混混)。

这里提供一些解决难缠投诉的基本原则:(1)先澄清责任,再顾及情感;(2)先依规分责,再考虑其他(补偿);(3)先控制事态,再解决问题;(4)先吃软面条(寻找并打开突破口),再啃硬骨头;(5)先理解理念(公司的价值观),再实施行动。总之,处理投诉的基准原则是:依法规、依事实、依理念(公司价值观)。

孟广桥老师(2019)在书中详细介绍了对付难缠投诉者的几种方法:

1.诉求分解法。针对投诉者提出的诉求过高,或者涉及事项过多,无法一次性解决的问题,需要将诉求根据具体情况,按轻重缓急、问题性质等分解成若干个可以解决的小单元,分步骤解决,最后实现整体解决。

2.回归理性法(冷静法)。寻找投诉者的情绪源,进而有的放矢地加以平抑、疏导。

3.穷尽问题法。对客户提出的所有问题,客诉人员都要有理有据地解答。最后要用总结式话语术来结束对话并获得客户的口头承诺:"基于以上的谈话,我总结您的需求是……,您看我有什么遗漏的吗?如果我们能妥善处理好您的问题,您还愿意跟我司继续合作吗?"

4.情感渗透法。客诉人员从接待时就给投诉者一个亲情定位来代替通俗的称呼,以拉近双方的情感距离。

5.延而不拖(蒸馍工作法),时机不成熟绝不揭锅。

6.剥茧抽丝法,帮助投诉者对所诉求的问题进行梳理,明确哪些问题是企业自身理应解决的,哪些不是企业的责任。

同时,心理学中著名的处理反对意见的PARKING六步骤可供借鉴:(1)认同(避免情绪对立);(2)倾听;(3)阐明(立场或观点);(4)用同理心理解对方;(5)说服(协商双方认可的方案);(6)表态(得到对方的确认)。

最后,让客服人员掌握处理客户投诉的话语术来实现三方认可,即客户认可、经营者认可、法律法规认可。这些话语术包括:

1.掌握表达的基本要素:口齿、语速、语调;用词、用句、表情(避免使用生僻词语、网络热语、专业术语等);论点、论据、论证。

2.听得懂"话里的话",了解投诉者的真实需求。

3.说话应遵循的准则:真诚、尊重、善意、理性、负责。

4.不要评论投诉者的观点,切记自己不是价值观的裁判官;投诉者说的一定有他的道理;他只是在陈述看到或推测到的事实;说不是为了改变他人,而是为了告知真相;争辩的结果只会得到更多的坎坷荆棘。

5.少点否定性的话语。

6.选择易于接受的表达角度。

7.切勿以偏概全,不要说"你总是……"。

8.先稳定情绪再说话。

9.简单的问题简单说。

10.处理投诉是严肃的事,谨慎使用幽默的方式。

11.用语言创造亲和的气氛。

12.要注意逻辑。

13.不要不懂装懂,多向投诉者请教,赢得对方的信赖,促成问题的解决。

危机总结是危机管理的最后一个重要环节,企业应在危机过后进行认真而系统的总结。首先对危机的成因、预防和处理的执行情况进行系统的调查分析。其次,对危机管理工作进行全面的评价,要详尽列出危机管理过程中存在的各种问题。再次,对危机涉及的各种问题综合归类,分别提出修正措施,改进企业的经营管理工作,并责成有关部门逐项落实,完善危机管理内容,并以此教育员工。最后,企业应将危机产生的沉重压力转化为强大的动力,驱使自己不断地谋求技术、市场、管理和组织制度等方面的创新,最终实现企业的腾飞与发展。

广而告之

初创企业都想在短时间内让自己公司的产品或服务做到家喻户晓,有一定的市场知名度,实现这一目标的方法,除了上一节提到的与媒体结交朋友,让媒体帮我们做宣传推广之外,初创企业要懂得利用互联网的技术和工具,来让自己的产品或服务增加名气。之前常见的平台有企业官网、微信公众号等,这两年,"抖音"和"视频号"让很多没有太多经验的个人或鲜为人知的企业、产品等一夜之间获得百万以上的流量和关注。

随着数字化时代的到来,互联网以迅雷不及掩耳之势迅速超越了之前的四大大众传播媒介:纸质书、期刊、广播和电视而成为世界最大的大众传播媒介,它具有"全球性"和"双向性"(使用者之间可以实现双向沟通)的特点,因此它最重要的特征就是使得市场的品类数量和客户数量可以实现指数型的爆炸式增长。所以,在新时代,重视互联网的营销策略及采取正确的战略战术已成为企业领导者思考如何在激烈竞争的市场中立于不败之地的当务之急。

首先,好的互联网产品或服务有两个特性:第一,它要能在一个点上打动用户;第二,它一定是在持续改进、持续运营中的。

其次,互联网的商业模式基本上是用能够为客户解决问题、创造价值、提供一流用户体验的好产品或服务,以免费的形式汇聚海量的用户基数,然后或者通过广告,或者通过提供增值服务来盈利。

而今天互联网的用户需求已经被高度刺激起来,他们特别喜新厌旧,转移成本又很低。因此不要期望某一个产品或服务能一劳永逸为企业创造价值,而是要靠很多小创新小改善来实现革命。埃里克·莱斯在《精益创业:新创企业的成长思维》(2012)一书中提出"MVP"的理念,MVP 是英文 minimum viable product 的缩写,翻译过来叫"最小化可行性产品",具体来说就是初创企业风险最小的创业方式,是一开始不要投入太多钱去策划一个庞大的技术体系,而是要从一个点开始切入,甚至先做一些比较简陋或粗糙的版本,尽快发布、争取用户,在得到市场的验证和用户指点之后,再进行调整,即小步快跑、循序渐进、不断试错,快速迭代,不断修正产品,最终适应市场的需求——这也是小米的营销战略。所以,传统行业的新创公司想利用互联网转型,一定要找到对自身产品或服务需求最强烈的目标用户,重视这些用户使用自己产品或服务时的体验。做好用户体验的诀窍就是:追求极致、关注细节和聚焦。要应对变化的商业环境进行自我革新,重新研究业务流程,研究用户消费习惯,重新审视你的用户如何使用你的产品或服务,你的产品或服务是否给客户解决了问题,提供的服务是否超出用户的预期,是否让用户感觉很"爽",让用户尖叫——这就是要用娱乐业的精神来服务用户。如果用户使用你的产品或服务之后,觉得确实很好,能够满足他的实际需求,体验也不错,那么他会推荐给其他朋友,为你进行转介绍,这样一来,就能产生"让用户带客户"的销售效果,让产品的效益持续增长。

此时要切记移动营销的关键就是当下的转化,用手机上展示的内容吸引用户在当前场景下迅速完成转化。凡是让用户增加购买难度、跳出当下页面,或者关闭内容等待下一次重逢的,都会让潜在客户转身离去而使企业失去一个用户。

在美国人尼尔·埃亚尔和瑞安·胡佛合著的畅销书《上瘾》(2017)中,作者给出了极其简明的、让用户上瘾的模型(the hook model),即:触发—行动—多变的酬赏—投入。

要引发用户去使用我们的产品和服务,应该先研究让用户上瘾的五个基本问题:

1.用户真正需要什么?用我们的产品或服务可以解决用户什么难点和痛点?

2.靠什么吸引用户使用你的产品或服务？

3.怎么让用户非常简单便捷地使用你的产品或服务？

4.用户使用了你的产品或服务可以得到什么好处？（合理合法的酬赏）

5.怎么让用户在使用你的产品或服务后，愿意成为你的合作伙伴、事业共同体？

在触发用户的购买欲望后，就要促使用户采取行动尽快下单购买。要使用户行动起来，三个要素必不可少：（1）充分的动机；（2）完成这一动机的能力；（3）促使人们付诸行动的触发。因此，我们的出发点就是用优质的产品或服务帮用户解决问题、消除烦恼，当用户发现与我们合作有助于解决他们的烦恼时就会渐渐地与我们建立稳固且积极的联系。在使用过一段时间之后，我们与用户之间开始形成纽带，久而久之这种纽带会发展为习惯，难以摆脱。

这时，我们只要努力提升服务品质并乐于分享（多变的酬赏），用户就愿意付出更高的成本购买我们的产品或服务（投入），而不会总是以价格为第一考量因素。

今天，随着智能手机的普及和推广，互联网分化成两个市场：一是基于手机的移动互联网，二是较传统的基于电脑的 PC 互联网。公司应针对不同的市场特性制定与之匹配的营销战术，而且应该以移动互联网为未来的战略重点。

里德·霍夫曼是全球著名社交平台领英的创始人，他在《闪电式扩张》（2019）一书中自始至终强调他的核心观点：即在面对不确定性时要优先考虑速度而非效率来获得快速增长。书中用大量案例说明在互联网时代快速建立大规模业务的关键是被称为闪电式扩张的积极增长战略，它有以下几个作用：（1）你可以出其不意地占领市场；（2）你可以在其他竞争对手做出反应之前利用领先地位来建立长期竞争优势;(3)闪电式扩张开辟了获得资金的途径,因为投资者通常更愿意支持市场领导者;(4)闪电式扩张可以让你设定某个让竞争对手很难跟上的速度,这样他们就没有多少时间和空间来反击。

要实现闪电式扩张有三种关键方法,首先,初创企业要设计一种能真正实现快速增长的创新商业模式。公司除了应该关注技术、软件、产品和设计之外,更要关心业务,即公司如何通过获取用户并服务用户来赚钱。商业模式创新是初创企业胜过通常比它们具有许多优势的老牌竞争对手的方法。而其中最有效的推广方法分为两大类:利用现有网络和病毒式传播。最强大的推广创新模式是将两种策略结合起来。

所谓病毒式传播是互联网时代最重要的营销手段,简单地说就是如何让现有用户更方便地邀请好友使用一项产品或服务。其中微信营销就是最有效的方式之一。微信营销的核心理念就是客户关系的管理,即如何将一个陌生人变成潜在客户,又如何将这个潜在客户变成自己真正的用户。微信营销的方式大约有三种,依次是寻找新客户、留住老客户、建立客户联盟。资深互联网实战派专家骏君老师在《微信营销方法1+2+3》(2016)一书中对此有详细的说明:(1)做好定期发布原创作品的微信公众号,让用户喜欢后产生黏性且能为你二次传播以发展新用户,实现裂变拉新。(2)发动全体员工的力量,利用他们的微信群和朋友圈做全员营销(此法也是为了实现裂变拉新)。(3)企业负责人一定要有互联网思维。(4)打造具备强大执行力的新媒体营销团队(策划、文案、活动、执行、设计等)。

2019年是互联网5G时代的元年,随着5G技术的发展和完善,企业应越来越重视微信营销。但是很多时候企业虽然有很多微信群,人数也不少,但就是没有成交量,慢慢地,企业对微信营销失去了信心,结果又回到了传统的营销方式。究其原因,"无趣""无效""无聊"是当下企业在微信运营时的三个普遍问题。为吸引更多粉丝的关注,企业首先应做好微信公众号,重视和珍惜每一次推送的内容,把内容做成精品,通过一次次的累积叠加最终实现用户的增长。其次要充分运用创意、技术和福利等手段来实现流量的转化。最后要善用微信模板消息,即时与用户互动和沟通,更简单、更直接地提升微信流量转化。

微信公众号主要分为两大类,即服务号和订阅号。服务号的特点是为企业提供更强大的企业服务和用户管理能力。企业申请的服务号在微信公众平台中自带自定义菜单,方便企业更好地管理平台和订阅者;服务号的群发消息的次数规定为一个自然月 4 次;服务号在通信录里会被归类,订阅者在自己的微信列表中可以直接看到企业服务号推送的信息。

订阅号刚开始申请时是没有自定义菜单的,只有经过认证之后才会有,它也没有高级接口,不能使用用户开发模式;用户不能在微信列表中看到订阅号推送的信息,要由用户自己点击订阅号企业列表,在二级界面中才会看到所关注的企业的信息;订阅号最大优势在于每天都有一次群发消息的机会。

结合微信公众号之服务号和订阅号的特点,建议服务于老客户的企业采用服务号来进行微信精准营销,避免对客户进行信息的"疲劳轰炸",导致客户反感;而像一些快消品、餐饮店、娱乐行业、电商行业等,需要有更多机会向订阅者推广产品或服务信息的,就适合申请微信公众号的订阅号。

企业微信公众号模式设计有六大原则:通过积累粉丝、了解用户的需求、多与粉丝用户进行互动来培养用户的黏性;关注自动回复,提升用户体验;名称一定要接地气;功能板块一定要有趣味性和参与感;服务至上,价值为王,要给用户一个持续关注你的公众号的理由；吸引订阅者扩散，让订阅者成为传播者和代理人是重中之重。

如今，很多企业都有微信公众号，但受人关注或令人称道的并不多，大多都是"僵尸号"，究其原因是企业在做微信公众号时存在几大误区：赶时髦，随波逐流，跟着大家做而做，没有自己的特色，没有原创产品或服务；分散精力做多个公众号；不投入，就想有收获；发布太多的广告却没有给客户带来有价值的内容；不重视标题（标题不能超过 13 个字）……

要想成为一个优秀的微信公众号运营者，骏君老师建议企业至少要具备以下七种能力：撰写原创文章的能力；创新的能力；文案编辑的能力；整合资源的能力（比如功能模块链接其他公众号）；后台数据分析和总结的能力；营销和推广的能力；提供服务的能力。

自从 2020 年"抖音"和"视频号"等开始火爆，成为年轻人喜闻乐见的一种社交和自我营销手段之后，我和团队小伙伴也一直在思考如何用"抖音"或"视频号"吸引更多喜欢读书、热爱学习的志同道合的伙伴们浏览"立明致远物流大讲堂"的网上课程，进而成为付费客户。在一次大讲堂的培训课程结束后，一直关心和力挺我的铁杆会员、立明致远物流大讲堂第一个登记注册的个人会员——厦门港兴国际货运代理有限公司总经理林爱凤（Lucy）女士专门赠送我一本由知名互联网商业顾问、微信视频号头部创作者（微信公众号"张萌萌姐"）张萌女士所著的《引爆视频号》（2021），临走时，Lucy 一再叮嘱我："黄老师，这本书很好，一定能破解你现在微信公众号粉丝不足的难题，您一定要抽空看。"

为了不辜负 Lucy 的一番美意，我把阅读其他好书的计划往后推，利用一个周末把此书好好研读了一遍，结果感觉真是醍醐灌顶、茅塞顿开。我用整个周末策划了"立明致远黄伟明"视频号，从 2021 年 6 月开始，每天用 2～3 分钟的视频，针对一个主题阐述我的观点，与更多的人分享我从业 30 年的经验和心得。

视频号的功能就是通过社交化和平台个性化两种不同的传播方式推荐你的作品，让更多的人看到你、关注你、喜欢你。首先，张萌老师阐述了视频号制胜的四大原则：

一是传播原则。不同于以往自媒体"覆盖式"的传播规则，视频号的传播规则是"连接式＋触发式"，即当一条视频号的内容发出来后，首先看到的是你的好友和关注你的人，这是熟人社交之间的连接传播。如果这当中有人跟你进行互动，比如点赞或评论或转发，就等于触发了传播机制，他的好友同样也会看到你。就像水的波纹一样，一圈一圈不断向外传播。视频号有个功能叫"点赞即传播"。所以，我们在发布视频号后，要主动请好友们为自己点个赞或发一条评论，这事就成了。

二是尊重点赞率原则。视频号的后台靠一个公平的算法推荐，通过对视频的归类，将某个类型的内容推荐给喜欢这个类型内容的陌生人。点赞率＝为你点赞的人数÷你的微信好友数，是其中一个非常重要的指标。张老师认为，成为视频号玩家首先要有成事的基本觉悟，即：你把自己当成谁，或者你把自己当成什么。你要像产品经理看待自己的产品一样看待自己。所以，为了提高点赞率，张老师分享了三个调整结构的方法：通过添加好友把更有可能为你点赞的人请进来；删除那些已经处于深度休眠、很难再被激活的僵尸好友；把那些不太可能给你点赞的、比你层级更高的人转移到另一个私人微信号上。

三是视频号的变现途径是"三号一体加一个社群"。视频号是个拉新神器,能在公域流量中吸引更多的陌生人,让他们变成你的粉丝,变成你的流量。公众号是个桥梁,加入社群对这些进入你私域流量的人进行沟通和维护,实现留存;而微信实现转化,让这些准客户完成最后的成交,是变现的保障。

四是精准的自我定位原则,即明确"我是谁?我为谁解决什么问题?提供了什么方案?"。就拿立明致远物流大讲堂来说,我们从大讲堂一成立就明确:我们是航运物流业职业教育培训平台;为航运物流企业和个人解决基层员工基本素质提高、中层管理干部执行力落地和高管领导力提升的难题;我们通过线上线下相结合的授课方式、个性化的企业内训和深入企业的咨询顾问等形式来为顾客提供切实可行的企业管理问题解决方案。所以,我的团队成员要据此明确选择什么样的人来为自己助力,用什么样的内容来影响目标人群,怎么才能将被我们吸引的人变成我们需要的人?

了解了视频号制胜的四大原则,就进入具体的运营阶段,首先最好采用一个与微信一致的头像和名称以符合"三号一体"的原则,并直截了当告诉受众这个号主要是传播什么内容的。在视频号的平台上,影响视频号权重的五个因素依次为:原创度、好友互动率、作品垂直度、完播率和发布频率。张萌老师建议的发布频率是"日更",如果做不到日更,最少每周发四条内容。发布的时间,一般要选择自己的目标用户活跃的时间,像"立明致远"这样需要深度学习和阅读的视频号,发布内容的合适时间段是每天晚上 7~9 时,情感类、心理类或亲子教育的,比较适合在晚上 10~12 时发布;早上 7~9 时人们想听的是新闻或学习类的东西。

其次,要重视选题即内容的输出,要么提供价值,要么提供价值观。要认真写好脚本,一定要训练自己能用一句话来表达这个选题的内容。做选题的第一个技巧是用聆听者的期望代替表达者的好恶；选题的第二个技巧是"借势"和"融入热点"；第三个技巧，一个好的选题要充满参与感和互动性。

接着，就是文案写作，好的脚本写作要具有一个功能，就是让人在看了第一眼之后决定点进去一看究竟及黄金三秒法则。脚本的写作一定要有立场，可以是方法，可以是观点，也可以是态度，最后一定要用一个口号（slogan）来补充和强化你的内容。

最后是拍摄和剪辑。视频号一定要有个好封面，目前视频号的版本支持封面自由选择，可以为自己的视频内容选择一个既美观又能凸显主题的画面作为封面，但如果都没有事先设置，视频号会把视频内容的第一帧画面默认为封面，所以第一帧一定不能是黑屏。一个好的封面一定是画面和文案相辅相成的，画面负责形成视觉冲击力，而好的文案（金句）则起到画龙点睛的作用，这样才能在最短的时间内捕获目标人群的注意力。

张萌老师还在书中分享了视频号运营的真知灼见。首先在"道"的层级是提供价值（用价值吸引需要我们的人），用价值观吸引跟自己一样的人；白（就像名片上一切都是正面和有价值的信息）、灰（要让自己变软、有温度、有人情味）、黑（敢于展示自己的短板、性格缺陷、知识薄弱环节等），视频号弄潮者一定要懂得管理自我形象；视频号玩家一定要培养终身学习的决胜能力来保证输出高端的内容，达到有料（有价值的真东西）、有趣（可爱、幽默、好接受）、有势（看问题的高度、深度和广度）。

术就是具体运营中如何用有效互动做好订阅者维护。视频号主一定要抽出时间来回复评论、留言以达成和高质量订阅者的良性互动；除了做好自己评论区的管理之外，也要做好更多准竞品视频号评论区的管理，让更多同类人主动来找你；在成为高手之前先认识高手、模仿高手;在视频底部加文字引导语"关注××××了解更多相关知识""关注××××获取更多干货""我们致力于分享××××干货";在朋友圈推送视频的内容字数最好不要超过140字,以免内容被折叠而传达得不完整;为了提高内容打开和分享的概率,在发视频号时提醒好友,主动邀请他们为你助力……

总而言之,作为视频号玩家,你要想清楚自己应该做什么样的内容能让观众有一种忍不住想和朋友嘚瑟的冲动,这时候的分享和点赞就从负担变成了福利,他们会在第一时间毫不犹豫地为你的传播助力。

本节最后,跟大家聊聊时下年轻人最喜爱的社区平台"抖音"。抖音是由"字节跳动"(TikTok)孵化的一款音乐创意短视频社交软件,该软件于2016年9月20日上线,是一个主要面向年轻人的短视频社区平台。目前日活跃用户增长情况为:2019年1月,日活跃用户量为2.5亿,2019年7月为3.2亿,2020年1月为4亿,2020年8月为8亿。抖音主要使用人群统计:"90后"用户占据85%,主力达人多为"95后"和"00后"。男女性别比例为4∶6,一、二线城市用户占70%,日均使用抖音半小时以上的用户约为38%。抖音主流的内容包括:唱歌跳舞、搞笑段子、才艺表演、励志鸡汤、美女帅哥、旅行美食、兴趣教学和名人故事等。用户偏好分析:"60后"爱拍舞蹈,爱看婚礼;"70后"爱拍美食,爱看手工;"80后"爱拍亲子,爱看风景;"90后"爱拍风景,爱看生活探店;"00后"爱拍二次元,爱看萌宠。

2020年初受疫情影响,抖音直播(带货)为媒体、线下展馆、旅游景区等打开另一扇窗,成为其与大众沟通的"新舞台"。典型的成功案例主要有:

（1）"县长来直播"系列活动，帮助农产品找到销路。截至2020年4月11日，该项目累计助力农产品销售3.2亿元。

（2）4月1日，知名公众人物罗永浩在抖音进行了首场电商直播，带来超过1.1亿元的支付交易总额，累计观看人数超过4800万，并成为引爆全网的热点事件。

（3）保利在抖音上做了一场长达10小时的全时段直播，在秒杀时段，仅半小时就卖出了102套房源，认购额超2亿元。

抖音的异军突起，带动了新媒体行业的快速发展，这不仅让企业以极低的成本获得巨大的曝光率，还可以使其直接和用户沟通，更好地实现流量转化，这对于那些中小企业和品牌，特别是新创企业来说，无疑是一个非常好的平台。所以，新创企业要抓住这个新趋势和潮流：一是要深入生活。随着短视频的发展，其题材必将深入生活的方方面面，成为大众社交娱乐的重要平台。二是利用5G赋能。5G的发展，为短视频发展提供了基础设施，助推短视频加快发展。

在数字时代，新创企业要做好自己抖音产品的方向定位：

1.做什么内容

第一阶段：根据自己特长或者第一想法去做内容；

第二阶段：论证可行性，思考制作难度、关注度、增加受众的天花板等问题；

第三阶段：把握热点趋势，坚持定时更新，做好与观众的互动。

2.发展方向

（1）有趣的：内容要么轻松，要么搞笑；

（2）有颜的：颜值够高，点赞率一定高；

（3）有爱的：爱心帮扶、可爱宠物，都是热门题材；

（4）有才的：特殊才艺让人望尘莫及；

(5)有景的:图片可以当屏保;

(6)有用的:生活小妙招,拿来就能用。

3.拍摄方式

(1)真人出镜:确定拍摄场景、参与演员等,按照剧本执行拍摄;

(2)图文型:用剪辑软件将图片文字合成,并配上背景音乐或解说词;

(3)录屏:电脑、手机录屏,适合教育、游戏类视频。

4.账号信息个性化

(1)头像:头像突出,有辨识度,像素清晰;与账号主体内容相关;符合大众审美;

(2)账号名称:全文字,10 字以内,简单好记,与内容关联;

(3)个性签名:介绍频道,引导关注和评论等相关内容;

(4)置顶视频:选择播放点赞高的视频进行置顶,并定期进行更换。

视频内容强调原创,也可以模仿创新——模仿热门视频,进行二次创作。热门视频容易获得更多的流量和关注,如果模仿得好,还可能超过原创。也可以站内与站外结合:从站外提取创作灵感,如百度、微博、知乎、公众号等等都是创意来源,平时要注意收集。

在创作抖音视频内容时要遵循以下原则:

(1)有用:即用户看完你的视频后,能够收获一些有价值的内容。

(2)有趣:据抖音官方数据显示,轻松娱乐类的视频内容,占据平台热门内容的 25%,位居所有视频类型的首位。

(3)有个性:"个性"是让用户在海量内容中能快速记住你并且点开主页加关注的核心要素。记住,要想被别人记住并且持续喜欢,一定要突出鲜明个性,切忌模棱两可。

(4)有价值观:即账号内容所体现的价值观,与目标用户群体的价值观契合。

(5)标题:有趣,有梗,有个性,真实,能引发用户参与互动。

(6)封面:统一调性,封面个性化、干净,清晰展现人设。

(7)文案:真实,贴近生活,引发用户参与互动。

(8)造型:风格统一、鲜明,按自己人设改造,避免"土味"。

(9)选题:多元化,抖音范,炫酷年轻,垂直清晰的人设。

(10)脚本:垂直IP,分析受众,结合抖音和自己。

在拍摄抖音短视频时应注意以下几点:

(1)画面清晰,光线明亮,背景整洁;

(2)竖屏视频,尽量不要拍横视频;

(3)不要出现其他APP的水印;

(4)视频必须为原创,长度在20~30秒为佳。

新创企业抖音号的运营技巧包括以下几个方面:

(1)视频内容必须为原创,长度在60秒之内为佳。

(2)提升四个指标。点赞率:在视频描述中写到"心疼小姐姐的快点赞吧"可以提高点赞率;评论量:在视频描述里,设置一些互动问题,引导用户留言评论,提升评论量;转发量:通过提炼视频核心观点,引导更多用户参与到话题讨论中来,进一步提升转发量;完播率:在视频描述中写到"一定要看到最后哦"可以提高完播率。

(3)写一个博眼球的标题。给好处:标题一定要清晰地标出几个好处,并在结尾处以问号结束;细分类别:这种标题直接地表达了一种生活态度,目的是让处于同一种生活处境的人产生共鸣;名人效应:指名人的出现达成引人注意、强化事物、扩大影响的效果,或人们模仿名人的心理现象的统称;情感段子:

这种标题,即容易产生共鸣,又容易让人猎奇,产生联想。

(4)黄金发布时间:7～9时,这个时间大多数人刚睡醒,刷一刷抖音醒醒神,或者在上班路上无聊看一看抖音有什么好玩的;12～13时,忙了一上午,工作也好上学也罢,终于可以歇下来,趁着吃饭的档口赶紧刷刷抖音,看看最喜欢的抖音号更新了没有;16～18时,这个时间主要针对上班族。这时,手里的工作基本处理得差不多了,有时间刷刷抖音放松一下;21时左右,下课或者下班,收拾完毕,终于可以躺在床上,干什么呢?刷抖音!

本章总结

1.给创业者一个真诚的建议:"凡事靠一个人,这样的公司最脆弱。"一个人的力量毕竟是有限的,一个好汉三个帮,"刘关张"拧成一股绳才有了三分天下。面对激烈的竞争,要寻找合适的创业伙伴结伴而行,事业才能成功,有挫折有困难的时候才有人陪伴在你身边一起扛过去。

2.精明的创业者应明白自己需要什么样的人才,并能招聘到合适的而不是完美的人才,将其放在合适的位置,做到人尽其才,物尽其用,形成上下齐心、同舟共济、兴旺发达的局面。

3.常言道:"读书万卷不如行千里路;行千里路不如阅人无数;阅人无数不如贵人相助;贵人相助不如名师指路。"一个人的事业要取得成功,除了自身的努力和学习,还需要贵人相助和名师指路。所以创业者除了寻找合适的合伙人、组建优秀的运营团队之外，还需要组建卓越的智囊团和顾问团队来为企业的建设和发展出谋划策、降低风险、保驾护航，并通过寻找资源互补的合作伙伴、与媒体搞好关系，善于利用互联网的营销手段等借助外部资源的行动来开创事业，成就大事，完成伟大使命。

4.初创公司要逐步完善公司的管理制度来规范公司的日常运营，为今后的蓬勃发展奠定坚实的基础。此时，创造一种机制，把员工变成合伙人或联盟伙伴，尊重员工并给予机会，包括共享企业成功果实，是初创公司招揽和留住人才的重要手段。

§ 第三章 §

公司商业层面的准备

👁 案例导入

2012 年 3 月,任正非以饱满的激情写下了《一江春水向东流》。在这篇文章中,他回忆了 1997 年前后的华为,他写道:"到 1997 年后,公司内部的思想混乱,主义林立,各路诸侯都显示出他们的实力,公司往何处去,不得要领。"最后,华为经过几番讨论,在公司创立 10 周年之际出台了《华为基本法》。自此,华为上下统一了"我是谁,去哪里,如何去"等基本战略问题。

《华为基本法》的第一条就用一句话清晰概括了华为的战略:"华为的追求是在电子信息领域实现顾客的梦想(去哪里)。为了使华为成为世界一流的设备供应商(我是谁/去哪里),我们将永不进入信息服务业(用'我不是谁'来更加清晰地回答'我是谁')。我们是以优异的产品、可靠的质量、优越的终生效能费用比如有效的服务,满足顾客日益增长的需要(如何去)。"

遗憾的是,很多企业都错误地理解了《华为基本法》,简单粗暴地把它归入到企业文化范畴。大家都在学习华为编制的所谓《企业文化手册》,这是一种非常肤浅的学习,并没有从根本上解决公司的"战略清晰化和战略统一性"问题。这在参与《华为基本法》起草的吴春波教授看来,"只是一次机会主义的、选择性的和赶时髦的群体无意识式的关注"。

2013年,任正非再次写下雄文《力出一孔、利出一孔》。从中我们可以看出《华为基本法》的战略意义及其组织意义:"水,一旦在高压下从一个小孔中喷出来,就可以用于切割钢板,可见力出一孔其威力。"

"力出一孔"就是要把华为所有的资源都聚焦在战略上,可见将战略清晰化并在内部形成战略统一性的重大意义。有了清晰的战略,才能有伟大的组织。战略决定组织,组织跟随战略。就像彼得·德鲁克说的,组织中所有人的意志、行为都必须指向一个战略结果。

摘自王成.2018.战略罗盘[M].修订版.北京:中信出版社.

制定战略

经过前面两个阶段的准备,我们做了充分的创业前筹划。首先,给公司取了一个好名字,组建了志同道合的创始团队,募集了公司的启动资金,为公司租赁了办公场所,做了公司商事注册,领到了营业执照。接着,我们明确了公司的使命、愿景、价值观和经营理念,并据此组建了经营团队,制定了公司的规章制度,还组建了智囊团和顾问团队。至此,公司筹建阶段的一切基础工作都已完成就绪,接下来就到了为公司制定战略、中短期目标和规划(三年规划和一年规划)的商业层面建设阶段了。

战略的定义

相信大部分企业的领导者和管理者都知道战略对组织的重要性,但究竟什么是战略？如何制定一个好战略来指引企业走向既定的愿景和目标？估计许多企业领导者和管理者特别是创业者对此还是懵懵懂懂,缺乏清晰的概念和思路。

那么何为战略？"战略"一词最早是军事方面的概念。在西方,"strategy"一词源于希腊语"strategos",意为军事将领、地方行政长官。后来演变成军事术语,指军事将领指挥军队作战的谋略。在中国,"战略"一词历史悠久,"战"指战争,"略"指谋略。2500年前的春秋时期,著名将领孙武所著《孙子兵法》被认为是中国乃至全球最早对战略进行全局筹划的著作。北京大学宫玉振教授在《善战者说》(2020)一书中指出:战略首先是一种思考方法。它是为了达成一定的目标,在特定的环境下,对自己的资源和能力进行最佳配置和组合的一种方法。它的目的就是,通过系统的思考,对影响你未来的选择进行取舍,并以此指导你的决策。如果企业制定了错误的战略,团队的战术和执行力再强,也是南辕北辙,无法挽回因战略失误所带来的巨大损失。

国内著名战略专家、《战略罗盘》(2018)一书作者、凯洛格咨询集团董事长王成博士认为:战略＝战＋略,它是一场特殊的"旅行",除了要自问自答"我是谁,要到哪去,如何去"三个问题之外,还要回答"在哪竞争"—战,以及"如何竞争(取胜)"—略。在军事上,战略的定义就是针对敌人确立最具优势的位置,故也称为"定位"。

综上所述,企业创建之初,明确了使命(要干一件有意义的大事),确定了愿景(十年后,公司要干成什么样)以及价值观和经营理念（做事的规矩和游戏规则），接着就要用战略来回答怎么干和怎么去实现公司使命和愿景的问题。

简单地说，战略就是实现使命和愿景的具体打法，定战略就是制定企业的经营之道（商业模式），它的最基本理念就是以己之长，攻人之短。它的本质就是取舍：决定初创企业做什么和不做什么；决定如何去赢得市场竞争，让企业持续赢利并得以发展的谋略。"商业模式"（business model）是一个在创业界非常火爆的热词，在教科书上的定义是：商业模式是一个企业满足消费者需求的系统，这个系统组织管理企业的各种资源（资金、原材料、人力资源、作业方式、销售方式、信息、品牌和知识产权、企业所处的环境、创新力等），形成能够提供消费者无法自理而必须购买的产品或服务，因而具有自己能复制且别人不能复制，或者自己在复制中占据市场优势地位的特性。

有"颠覆性创新之父"之称的哈佛商学院教授克莱顿·克里斯坦森在《重塑商业模式》（2019）一书中明确地指出，一个成功的商业模式有几个组成要素：（1）实现客户价值主张，即以比竞争对手更为高效、便捷或者低成本的方式，帮助客户完成某项特定的重要"任务"——这是成功公司的标志之一；（2）赢利模式，即公司在为客户提供价值的同时，如何通过在收入模型、成本结构、利润模型、资源流转速度等要素方面的设计为公司创造价值；（3）关键资源和流程，即为目标客户提供价值主张所需的人员、技术、产品、设备、信息、渠道、合作伙伴、联盟、品牌等资源，以及充分利用这些资源的流程。

一个组织完成特定任务的四个常见障碍分别是资金不足、缺乏途径、技能短缺和时间匮乏。因此新创企业要取得创业成功，其秘诀之一就是企业把握客户价值主张的精准度，即新创企业如何能够完美准确地帮助客户完成"任务"。

　　说得通俗一点,初创公司的商业模式就是创业者的创意,就是创业者根据自己团队的核心竞争力和独特优势决定初创公司为用户提供什么产品或服务,给什么样的用户创造什么样的价值,在创造用户价值的过程中,用什么方法获得自身的商业价值,它包含四个方面的内容:产品模式、用户模式、推广模式和盈利模式。

　　设计初创企业的商业模式要考虑的主要因素包括企业所处的环境(社会、政治、经济、市场、客户、技术、法律等)、企业的使命和企业的核心竞争力,这个商业模式的有效性取决于以上三者是否客观,是否相互契合,是否被企业的所有成员理解,是否得到不断的检验。初创企业在设计商业模式时要遵循以下八个原则:实现客户价值的原则;持续赢利的原则;合理整合资源的原则;不断创新的原则;合理融资的原则;组织管理高效的原则;控制风险的原则;依法纳税、合理节税的原则。

　　新创企业设计商业模式一般要经历三个步骤:第一步是要认识到成功的起点绝非是思考商业模式,而是要先找到一个能满足客户需求、帮助客户完成其组织目标的商业机遇;第二步才是据此机遇勾画蓝图,规划公司将如何满足客户需求,并且从中获利;第三步是对比公司新创的模式和市场现有商业模式,确认为了抓住新机遇需要公司做出何种程度的变革。

　　号称"世界排名第一的管理咨询大师"的拉姆·查兰和前霍尼韦尔董事长兼首席执行官拉里·博西迪在合著的《开启转型》(2016)中直截了当地指出企业制定战略规划时必须回答三个问题:企业所处的市场及行业环境如何?今后发展趋势怎样?商业模式怎么设计?这三个问题涵盖了企业经营的全部核心内容,是战略思维的根本基础。作者更明确地指出制定企业战略规划就是制定企业的经营之道(商业模式),就是决定企业做什么和不做什么；就是如何去赢得市场竞争，让企业持续赢利并得以发展的谋略。此时，创业者必须要把企业经营的外部环境、企业发展的财务目标，以及企业经营（其中包括战略规划、业务运营、选人用人及组织机制和关键能力等）三者有机地结合在一起。在实际工作中，初创企业创始人在设计商业模式时要注意以下四个要点：第一，要对希望达成的财务目标有基本的判断，切不可好高骛远，必须切实可行；第二，要知道商业模式不是数学模型，必须清楚区分哪些是事实，哪些是假设，对于假设，必须谨慎检验其合理性；第三，要精通各要素之间的相互联系及相互作用；第四，商业模式绝非一成不变的，而是动态变化的，因此需要不断循环往复地做动态调整。

一个成功的商业模式应具有三个特征：（1）企业提供的产品或服务能为用户创造独特价值，满足用户的实际需求（用户喜闻乐见，不光自己用甚至会推荐身边的朋友来用），而不是创业团队自以为是的虚假需求；（2）该模式难以被复制和模仿；（3）该模式是脚踏实地，能持续为企业创造利润的。每一家成功的企业都是在以一种有效的商业模式满足某种真实的客户需求。

在实现赢利之前，成功的新业务通常会经历商业模式四次左右的修改。所以，新创企业领导者必须要容忍初期的失败，并且要根据需要进行路线调整，要对增长有耐心以便发现市场机会，但也要对赢利有紧迫感，以尽早确认该模式的有效性。

综上所述，伟大的商业模式可以重塑行业，推动行业实现惊人的增长。据《财富》杂志 2008 年统计，过去 10 年间全球 500 强的 27 家企业中，有 11 家诞生于过去 25 年间，它们的成功全部依赖于商业模式创新。经济学人智库 2005 年的一项调查显示，超过 50% 的高管认为，商业模式创新对于成功的重要性正日益超过产品或服务创新。而苹果成功的案例告诉我们，真实的商业变革绝不仅仅是一项伟大技术的发明和商业化，它们的成功源于将新技术融入一个适合而强大的商业模式。

企业制定战略的核心智慧

企业领导者如何为企业制订好的发展（竞争）战略呢？孙武所著《孙子兵法》就指出："故上兵伐谋，其次伐交，其次伐兵，其下攻城。攻城之法，为不得已。"《孙子兵法》的一个核心智慧就是竞争者不但要懂得竞争，更要懂得超越竞争，从更高的层次来理解及把握竞争，力争在："伐谋"（战略远见）、"伐交"（战略联盟或资源整合等外交手段）上战胜对手；在"伐兵"的层面上运用更多的战略智慧，从而跳出简单的直接对抗式竞争，避免"杀敌一千自伤八百"的正面残酷厮杀，追求不战而屈人之兵的"全胜"境界。

所谓"上兵伐谋"的核心，就是要学会战略性思考。要有前瞻性的眼光，学会从眼前事务性的工作中摆脱出来。要超越战场，要摆脱日常竞争中束缚自己的反应式思维模式，要有一种取势和提前布局的意识和能力，促进总体目标的达成。"伐交"就是通过整合资源、利益分享结成战略联盟来弥补自身资源的不足，改变力量的平衡去主动引导和塑造有利于自己的行业生态与竞争格局，进而限制对手的空间和选择余地。在竞争中，企业并不一定要与自己的对手直接开战，而是可以通过与其他企业结盟（建立供应链生态圈）或组建跨行业的战略联盟来打击和限制共同的对手。此时，利用对手的对手来牵制或打击对手，是高手惯用的套路。此外，将潜在的竞争对手纳入自己的麾下，可以减轻未来的威胁，且有助于防止合作伙伴的资源为竞争对手所用，这一做法也是一着妙棋。特别是处于市场竞争劣势的初创者,更应该充分利用"伐交"的手段来跳出恶性竞争的困境和势单力薄的瓶颈,实现弯道超车。今天商业世界流行的所谓平台、生态圈和共生型组织等形态,都可以归入"伐交"的范畴。

虽然有了好的理念,有了好的布局,但是产品/服务毕竟还是要进入市场的,不可避免还是要跟对手,特别是强大的市场领先者进行市场竞争。因此,企业领导者应该通过谋略的运用、战场的选择、时机的把握等选取能够充分发挥自己优势而对手的优势发挥不出来的细分市场与商业模式,来与对手竞争,使对手没有能力组织起有效的反击。《连线》杂志的创始主编凯文·凯利给创业者们的建议是:"如果你想和巨头们竞争,不要迎头而上,而要找到一个新的角度,去边缘市场,只有在那里你才有不对称优势。"

创业者希望通过制定正确的战略,建立优秀团队来赢得竞争,从而建立一家值得客户尊敬的企业。那么,一家有价值的公司是什么样的呢? 短期看盈利能力,中期看核心竞争力,长期看产业领先地位。所以,成为全球产业领导者是跨国企业战略意图的精髓所在,而对于中小企业特别是初创企业,战略意图就是未来成为某个细分市场的领导者,至少要做到所在市场的区域前两名。

这里,还是要和创业者简要介绍一下细分市场的定义。目前商学院传授的主流市场细分法,一是按产品或服务的类型和价格来划分;二是按客户类型来划分。但这两种划分方式都没有办法了解客户的真实需求并实现精准营销。"颠覆性创新之父"克莱顿·克里斯坦森在《颠覆性创新》(2019)一书中建议创业者应该按照客户的实际生活方式来细分市场,然后创造对客户有意义的产品,由此建立对客户有意义的品牌。因此,创业团队的任务就是去了解消费者的生活中会周期性地出现哪些需求,他们会为此使用哪些产品,而新创公司能否提供这些产品?对于客户不想做或不想要的事情,即便你把它变得再简单、价格再便宜,成功的概率也微乎其微。

创业团队要花大量时间和精力在对人们日常生活的观察上,根据客户生活方式上的需求设计对客户有用的产品或服务,帮助人们更好、更简单以及更低成本地达成心愿。任何一个客户需求都具有社交、功能和情感三个维度,创业团队研发的产品或服务应至少满足其中之一。当新创企业为一项尚无最优解决方案的需求设计产品或服务和确定品牌定位时,就会出现新的增长市场。

用途清晰的品牌如同一个双面罗盘。它的一面可以将消费者导向正确的产品。另外一面则可以在研发或者推广新产品或改进产品时,给产品设计者、市场营销人员指明方向。消费者之所以甘愿为产品支付品牌溢价,正是品牌在如上两方面提供了指引。

此时,作为市场的新进入者,创业者选择要深耕的细分市场时应遵循两个原则:一是这个市场规模要小到市场领先者对你不屑一顾;二是这个市场规模又要大到足以满足你的雄心壮志。同时,市场新进入者除非有特别突出的能力或效益,否则要避免向行业巨无霸或领先者发起正面冲锋,不要企图通过低价销售掠夺市场份额,因为你还没有足够的力量去撼动行业老大的地位,到头来会得不偿失,铩羽而归。世界营销大师艾·里斯和杰克·特劳特在《定位:同质化时代的竞争之道》(1969)一文中提到:"任何公司向巨头已经占据的领先地位,正面直接发起挑战,都无望获得成功。"有调查数据显示:在成熟的市场,初创企业和领先企业竞争,领先企业获胜的概率是 80%,如果初创企业采取颠覆性创新的技术进入市场，领先企业仅有33％的胜率。所以，初创阶段，创业者要寻找行业大佬不会花精力涉及，而弱小企业因为技术等原因缺乏竞争力的细分市场，避开行业大佬们的锋芒，采取"错位竞争法则"，从边缘切入，并快速聚焦，单品制胜。就像今天的字节跳动系，创造了抖音和今日头条，正慢慢成为腾讯的强大对手，而不是用另一个微信来向现有的微信发起挑战。

初创企业在选择进入什么行业或细分市场时，要重点思考三个方面的问题：

首先，在选择要进入的行业或市场时，应反常规思维，避免进入一个热点或焦点行业，在领先企业已经建立主导性优势的环境中采取跟随策略，绝大多数产品或服务都会沦为鸡肋。相反，创业者要应寻找领先企业因致力于技术进步、管理提升而关注具有良好的增长前景和更高的赢利能力的高端市场，由此留下的低端市场的竞争真空，采取与低端大众市场匹配的技术和成本结构进入市场，然后以此为据点，不断渗透，成为这个细分市场的领先者后，再不断地向高端市场发起挑战。

其次，创业者对进入的行业和市场要具备理性分析的能力，要有市场前瞻性，看清未来三到五年的市场需求在哪里，然后为那个市场的需求做好准备，即在供给端引入新兴技术和更方便、更便宜的产品。正如奇虎360创始人周鸿祎所言的："要么方便，要么便宜。"

最后，必须在技术、产品、市场、资源和组织（销售体系和盈利模式）上有所创新。就此，管理大师彼得·德鲁克总结新创公司制定战略的成功之道为："新创企业的成功依赖于它在一个小的生态圈中的领先地位，面对成熟市场的领先者，与其做得更好，不如做得不同。"

此时作为市场新进入者，在寻找到符合自身特色和优势的细分市场后，要全力把这个特色发展到极限，在市场领先者还未反应过来之前就先占领消费者的心理，站稳脚跟，赢得市场。在此阶段，新进入者应采取"小狗战略"：为了避免遭到全面的攻击，尽量让自己看上去没有威胁性；找准自己的细分市场，不要全线、正面的发起进攻；向对手表明你们的产品或服务是可以共存的；专注于自己的产品或服务，在赢得市场份额之前，不要盲目扩张；在自己的优势确立之前，不要威胁到市场领先者的核心利益。

在世界现代科学管理领域，1979 年，哈佛商学院著名的战略大师迈克尔·波特在《哈佛商业评论》上发表他的系列思考成果——《塑造战略的五种力量》，由此拉开了"以产业思维制定战略"的序幕。在迈克尔·波特看来，不同行业的盈利差别以及同一行业的盈利能力发生变化，都是由现有竞争者之间的对抗程度（竞争对手数量多吗？他们资本是否雄厚？是否对你造成威胁？）、新进入者的威胁（新技术、新方法可以颠覆旧秩序，建立新规则，使商业环境发生翻天覆地的变化，这对市场既得利益者是最致命的威胁。）、供应商的议价能力（供应商的数量多少？合作关系如何？实力如何？）、顾客的议价能力（企业顾客多吗？顾客跟你的关系如何？对你的依赖程度如何？）、潜在替代者的威胁（随时准备进入市场的虎视眈眈的独角兽。）这五种力量驱动的，这五种力量决定了一个行业长期获利能力的基础性力量和结构性因素。

1985 年，布兰登伯格与奈勒鲍夫合著《正确的游戏：以游戏理论塑策略》一书，在迈克尔·波特教授的五力因素基础上又增加了第六个因素，即：互补企业优势。他们认为：互补企业就是为用户提供互补产品的其他企业。每个企业的产品或服务都要和其他公司的产品互相结合，才能发挥更大的作用。有的产品甚至不与其他产品结合就无法使用。正如计算机离不开软件，软件也离不开计算机一样。（哈佛商业评论，1995）互补企业通常和你的公司在利益上同呼吸、共命运，他们的经营方向和你们通常是一致的，你们双方齐心协力，共同前进，互相支持。

迈克尔·波特在五力因素的基础上指出企业制定战略的目的就是为了创造独特性，树立有利于自己的定位，并能在竞争中做出权衡取舍的事情。所以企业要用差异化战略、成本领先战略和聚焦战略来规划自身的竞争战略。

所谓的差异化战略就是企业在竞争越来越激烈的环境下，产品或服务在以下几个方面，即设计或者品牌形象、技术实力、外观特点、客户服务、经销网络等方面非常具有优势。实际上这是对企业是否有很强的市场洞察能力的考验，企业需要快速寻求到市场机会点，并形成差异化的核心竞争力，才能跳出同质化竞争的泥塘。因此，差异化是客户选择跟你而不是你的对手合作的理由，差异化的本质就是为了满足消费者需求的差异。能衡量由差异化带来的竞争优势的真正标准就是客户愿意支付的溢价部分是不是能超过所发生的全部额外成本。如果客户不愿意支持溢价，证明你提供的所谓独到之处不是客户所需要的，那么它就不是公司的竞争优势。

成本领先战略也称为低成本战略，是指企业通过有效途径降低成本，使企业的总成本低于竞争对手的成本，甚至在同行业中是最低的，从而获取竞争优势的一种战略。根据企业获取成本优势的方法不同，可以把成本领先战略概括为如下几种：简化产品、改进设计、材料节约、人工费用降低、生产创新及自动化等。成本压缩无处不在，除了规模化生产、规模化销售外，很多企业通过改进销售渠道来压缩成本。比如通过直播社交卖货,通过深度整合供应链、对接源头产地压缩渠道环节等。这些方式都使得企业在某方面的成本快速下降,在某一个环节取得成本优势。许多创业者把成本领先战略误认为是"薄利多销",成本领先战略的目标是要用比竞争对手更低的成本赢得市场,如果只是折扣销售,通过降低公司的利润来谋求市场份额的扩大,这种战术是不可能持久的。因为价格战是最没有技术含量的打法,竞争对手在没有完全倒下之前,很容易跟进,到最后就是"杀敌一千自损八百"的"零和博弈"。而且价格战的始作俑者往往会被行业、市场、大众和媒体所诟病,对自己公司的品牌建设有百害而无一利,是牺牲公司长久利益换取短期利益的不理性行为。

自 2020 年初爆发的全球新冠肺炎疫情给世界经济带来剧烈的冲击以来,国内很多中小企业遭受巨大损失,业绩崩盘,企业为了度过寒冬,危机自救,纷纷通过跳楼杀价来清理库存,获取现金流,导致哀鸿一片的市场更是雪上加霜,这是很多企业领导者内心挥之不去的阴霾、不安和恐惧。

但同时,我们也看到了一些负责任的品牌企业,把握危机带来的机遇,发挥品牌优势以应对模仿者同质化的进攻,具备足够的溢价能力以应对扰乱市场的价格战,在疫情下练好内功,增强自身免疫力,以应对疫情带来的危机,结果反而是自身的营收和利润持续跑赢行业。待这场危机过后,我们一定会发现那些缺乏竞争力、只会打价格战的商家逐步退出市场,而整个市场会越来越高度聚集在那些有品牌、有担当、有责任的大品牌上。

所以,新创企业的领导者一定要意识到"薄利多销"不是贱卖,企业制定的销售价格必须满足企业生产成本要求。再者,一个企业的产品是否适用"薄利多销"的战略关键在于通过降价或低价促销能否有效地促进产品销售,商品在降低价格后可以通过增加销量来弥补单位产品销售利润的下降,从而保证企业经营目标的实现,为企业带来必要的经济利益,这也是产品实行薄利多销战略的必要条件。此外,要避免因此产生的同行业价格大战,企业应具备比较雄厚的经济实力、比较先进的生产技术和较强的市场控制能力,才能消化价格竞争带来的不利因素和消极影响,同时在市场竞争中争取主动。总之,"薄利"(低价销售)只是营销的一种手段,"多销"(促进销售,增加盈利)才是战略的目的。

聚焦战略的核心是瞄准某个特定的用户群体,某种细分的产品线或某个细分市场。根据类型又可以分为产品线集中化战略、顾客集中化战略、地区集中化战略等。这方面有一个非常典型的案例——格力电器。格力在高速发展期专注做空调,空调在格力集团所有业务里,最高峰占比能达到97%,几乎可以认为那段时间格力只做空调。在格力高速增长和发展的过程中,聚焦可以说是格力取得行业领先优势的重要战略因素。

建议未来五年的创业者要聚焦容量巨大的消费市场,锁定中国4亿中等以上收入阶层的消费者,根据企业自身的核心竞争力和绝对优势,找到符合自身特点的细分市场,用匠心品质和创新理念开创差异化价值,并把握时间窗口引爆品牌、引领潮流,争取成为细分市场的标杆企业以赢得细分市场的定价权,从而主导市场格局,制定细分市场标准,赢得领先的市场份额。

总之,在制定企业战略时,创业者一定要有战略视野,既站在整个产业结构的高度审视本企业的战略机会点和战略定位,还要能够看到整个产业结构未来演进的趋势及关键驱动力,未雨绸缪,提前布局,寻找互补的合作伙伴,盯着步步紧逼的竞争对手,同时警惕虎视眈眈的潜在威胁,通过与供应商结成战略合作伙伴关系,为顾客创造价值,成为顾客不可或缺的事业伴侣。

企业如何制定好战略、实战略、快战略

理论上,战略分为三类:事前规划的战略、事后总结的战略,以及处于这两者之间的自发涌现的战略。卓越企业的最佳行动中有一部分是来自事先有远见的、严谨的战略规划,另一部分则来自实验、尝试和机会主义。创业者在战略执行过程中需要保持开放的心态,鼓励依据变化、创新而得到的"自发涌现的战略",在审慎规划、临时应变和鼓励创新之间求取平衡。特别是在 VUCA(动荡、不确定、复杂、模糊)的时代,战略制定和战略执行已经不像过去那样泾渭分明,战略执行过程中充满了无数的"战略再制定",战略制定需要小步快跑、快速迭代。此时两者的关系,充分体现了王阳明"知行合一"的观点,即"两者交相并进,相互交融,不相分离"。

创业之初,企业在制定战略时必须要关注两个方面:客户和竞争。首先要明确谁是你的目标客户? 客户如何分类和排序? 你能为客户创造什么价值? 能满足客户满足什么需求? 如何获得客户的认可? 如何令客户更愿意买单?

其次,你要明确谁是你的竞争对手? 他们的优势和劣势各是什么? 自己如何差异化? 如何赢? 创业者应意识到,即使是好的战略,一开始也可能会带来相反的结果,表现为盈利下降、运营效率指标下降、甚至亏损,这时会遭到很多利益相关者的强烈反对。亚马逊创始人杰夫·贝佐斯曾经强调:新业务从"播种"到"结果"通常需要经过 5～7 年的时间。因此,创业者应该意识到创业是马拉松比赛而不是百米冲刺，我们应该"放下当下"，通过改革现在来创造未来，此刻，最重要的学习任务就是必须提高预测新业务、新业绩的水平，为企业制定"靠谱"的好战略。

那什么是好战略呢？理查德·鲁梅尔特在《好战略，坏战略》（2017）一书中给出的一个标准是："找到一个能够扬长避短的领域，放大你的优势，同时让你的劣势变得不那么重要。"所以，好战略并不是如何与竞争对手竞争并战胜竞争对手，而是专注为目标客户创造独特的价值，传递与众不同的产品或服务，即企业在做一件"与众不同"的事，使企业在某一领域每走一步，整个世界在这个领域也会跟着往前走一步（像苹果、华为等），当组织达到这种境界、这种气场时，会把整个组织内心最深层的力量激发出来。

任何公司运营的目标都是创造可持续增长的卓越业绩，要实现优于竞争对手的卓越业绩并长期保持，公司必须开发好战略：选择合适的竞争点和竞争方式，做出有效的整合。为了开发好战略，拓展新业务是每个企业成长过程中都必须面对的，建议用以下三个问题来衡量进入新领域的得失：新的领域是不是我们所擅长的？如果我们不做，用户会蒙受什么样的损失？如果做了，我们在这个新的领域中具有怎样的竞争优势？

这里给创业者推荐杰克·韦尔奇在其《赢》（2017）一书中介绍的美国通用电气公司（GE）制定战略的"五张幻灯片法"。

幻灯片1：今天的竞技场是什么样的？

创业者要思考以下几个问题：在你所属的行业里，都有什么样的竞争对手？他们是大是小？是新企业还是老牌企业？每一个竞争对手的市场份额是多少？你想做到多少市场份额？这个行业有什么特点？决定利润的主要因素是什么？每个竞争对手的优势、劣势分别是什么？他们的产品或服务怎样？每一家竞争对手的销售团队有多大？其企业文化中对员工业绩的重视程度是怎样的？这个行业的主要客户是谁？他们如何消费（购买）的？

幻灯片2：当下市场的竞争形势如何？

过去一年，在改变竞争格局方面，每个竞争对手都做了什么？有谁带来了改变格局的新产品、新技术或是新渠道？有新加入者吗？他们做了什么？（比如互相挖角、发行新产品或合并重组等）

幻灯片3：你最近在忙什么？

你做了什么以改变竞争格局？你是否准备收购企业？发布新产品？挖走对手的主要销售人员还是创立了新的技术项目？

幻灯片4：有哪些潜在的变量？

接下来，什么事情令你最担心？竞争对手有没有可能把你击垮或封杀出局？你的对手可能推出什么样的产品或新技术，甚至由此改变竞争格局或游戏规则？有没有什么收购合并事件会把你击垮？

幻灯片5：你靠什么去赢？

你能做什么来改变竞争格局？你怎么做才能让你的客户更忠实于你，更依赖你？或者是选择你的产品或服务而不是竞争对手的？

虽然杰克·韦尔奇的观点主要是辅导世界级的科技公司领导人如何制定正确的战略，但是通过学习杰克·韦尔奇的思想，可以让创业者掌握一个思考和制定新创公司发展战略的简单方法：首先要找到超级创意的大方向；其次找对人来实现战略；再次是在实践的过程中不屈不挠地不断思考不断完善；最后是聚焦,尽可能地让你的产品或服务与众不同,让客户像胶水一样黏住你,努力让自己成为细分市场数一数二的品牌。杰克·韦尔奇在《赢的答案》(2017)一书中强调:战略就是战略,它适用于任何公司,与公司大小没关系,甚至在战略启动后,初创的小公司更容易向每个员工传达你的战略,激励大家;你可以更加迅速地调整方向;你招人的效率更高;决策中的官僚障碍也相对少一些;比那些庞大的对手更容易看到出现的问题并及时纠正。初创公司在竞争战略方面的难处是:由于资源紧张,必须尽量少走弯路,无法像大公司一样经受得起很多重大的打击,可能一个大的战略失误就将一个初创小企业送进坟墓。

中国报关协会 2020 年轮值会长、国际报关协会同盟(IFC-BA)2020—2022 年轮值主席、上海欧坚网络发展集团股份有限公司董事长葛基中先生在他 2021 年 9 月 1 日的"随缘"就企业如何通过规划好战略来建立赢利模式从而获得持续发展给出了他的真知灼见:(1)企业要洞察市场刚需,要善于发现生活中目标用户的痛点,这是建立赢利模式的核心点,也被称为"问题原点",不同目标和层次的客户有不同的痛点,作为企业要发挥自己的优势,整合资源去解决市场的"刚需"。(2)要创造高频需求,即要吸引目标客户重复购买我们的产品或服务,为此企业必须提供优质、高效和诚信的服务,要粘住客户,为他们提供持续服务,同时企业要不断创新,提升自己服务能力和范围,从而找到多元获利的价值点。(3)要多元获利,通过单一流量入口的切入,实现多重服务的提供,从单一客户身上获取更多的利润,这也是互联网企业常用的方法,因为网络突破了时间和空间的限制;(4)企业要争取取得定价权,好的盈利模式必须拥有独具特色的服务或产品,确保企业有定价的自主权,而不是根据市场竞争来决定。企业应拥有独特的优势，保持自身的核心竞争力，这样企业才能高效发展。(5)企业要能预测盈亏平衡点，要有方向正确的商业模式，企业的收入是稳健提高的，成本是可控的，这样的企业利润率较为丰厚，现金流非常充足；(6)力争终生锁定客户，产品或服务的供应商一次投入则终生受益，且能圈定用户的终生价值，用户一旦更换我们的产品或服务就会带来一定的不便或损失，这样的合作关系让用户不能轻易地离开我们。[①]

　　制定了好战略之后，就要搭建资源配置和组织能力建设的桥梁，让好战略成为"实"战略。所以，战略一旦经过调整并确定下来，第一要务就是根据战略来搭建公司组织结构以保证战略能落地实施。同时，为了避免一个神奇的组织行为学定律就是：公司的战略往往只是董事长（创始人）一个人的战略而不是员工经营的重点。战略制定下来后一定要在公司内部广而告之，天天宣讲，最终取得全体员工的认同，并使他们愿意一起努力奋斗去实现公司的战略意图。世界管理大师约翰·R.威尔斯在《战略的智慧》(2018)一书中介绍一个考验公司战略是否深入人心的做法：每一位员工是否能够在两分钟之内把公司的战略模型明明白白地讲给客户听？模型中的逻辑是否易于理解？考核指标是否足够清晰？关键理论是否清晰明了？如果你的创业团队对以上问题都能对答如流，那么恭喜你，贵司的好战略已经成为深入员工内心的"实战略"了！

　　好战略变成实战略后，还要进化成"快"战略。初创公司不是在和过去的自己比速度，也不一定要跑得过外部市场，但一定要跑得比竞争对手快！竞争战略的实质就是：怎么比竞争对

---

　　① 随缘.2529.http://dwz.cn/qD8oKJjM

手更快一步地出现在客户面前，并为之提供他所需的产品或服务。

怎样实现"快战略"？原瑞士洛桑国际管理学院威尔斯教授在《战略的智慧》(2018)一书中提出一个"5％原则"：管理层最重要的任务就是"围绕战略进行集体学习"。企业 CEO 每天应该用5％的时间思考战略，公司高管团队每个月要留出一天的时间来回顾和思考战略。主要深入探寻我们的心智模式：我们对行业/客户的哪些假设是错误的？我们存在哪些视觉盲区和战略盲点？我们肯定和否认了哪些未来的趋势？

例如，小米集团就在组织内部推动"精益创业"，放弃传统"零缺陷"的想法或产品，在公司内部鼓励"不完美、有缺陷"的想法或产品，先在市场中少量投放一个不完美的原型产品，然后通过不断地收集客户的反馈意见和建议，对产品进行快速迭代优化，以速度替代完美，在快速进化中实现完美。

创业者从小米的经验中可以得到的启发是，要了解初创企业的目的在于弄明白自己到底要开发什么产品来满足用户的需求，而且是用户愿意尽快付费购买的产品。IMUV 联合创始人及 CTO、哈佛商学院驻校企业家埃里克·莱斯在其《精益创业》(2019)一书中提出一个"开发—测量—认知反馈循环"的模型(见图 3-1)。他认为，初创企业究其本质，就是把理念转变为产品或服务的催化剂，新创企业开发的产品是实验性质的，而这些实验的结果是帮助创业者学到了如何创建一项可持续的商业模式，对新创企业来讲，这些信息比金钱、奖励或者登上媒体更重要，因为它可以影响并重塑下一轮创新的想法概念。为此，埃里克·莱斯经常要求团队成员自问四个问题：(1)用户认同你正在解决的问题就是他们面对的问题吗？(2)如果有解决问题的方法，用户会为之买单吗？(3)他们会向我们购买吗？

（4）我们能够开发出解决问题的方法吗？

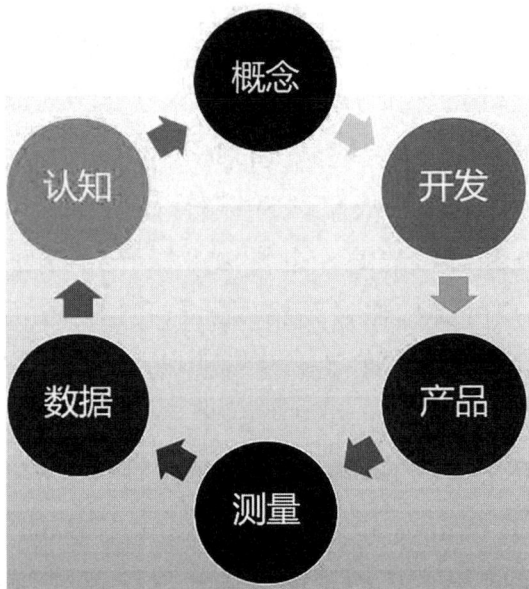

图 3-1　开发—测量—认知反馈循环模型

这个"开发—测量—认知"的反馈循环是新创企业商业模式的核心内容，此时，创业者要做的是集中精力，尽量把反馈循环流程的总时间缩短到最短，这就是驾驭新创企业的精髓所致。此时，如果新创企业经过测试后发现企业原有的假设是错误的，那就应该有"壮士断腕"的勇气，做出重大改变，设置新的战略和商业模式。所以，好的战略往往不是规划出来的，而是进化出来的。未来的战略管理的重心不仅在"设计规划"上，还在"加速进化"上。

制定三年规划

使命是公司一辈子的奋斗目标,愿景是公司奋斗十年后要达到的里程碑。据此,公司经过一系列的分析和判断,制定了战略,给公司前进指明了方向。接下来,我们就要讨论怎么让战略落地,让战略从抽象到具体,这就是制定公司的中期目标—三年规划。

三年规划是实现公司战略的三年路径,即把战略转化为公司今年、明年、后年的粗计划,是滚动的三年规划,意思是公司每次制定三年规划时,都要看下三年,即 2021 年底要看 2022年、2023 年、2024 年;而 2022 年底要看 2023 年、2024 年、2025年,它是公司前进路上的远光灯。

三年规划起着承上启下的作用。承上,是把公司的使命和愿景按照战略拆成三年规划,把遥远的大目标拆成看得见、摸得着的三年中期目标;启下,三年规划想清楚了,才能计划 1 年之内要做的最主要的 1~3 件事,即一年规划。这两个规划都想清楚了,后续才能把组织保障和执行力方面做好。

国内著名人力资源专家、维新力特资本合伙人黄旭老师在其专著《13+1 体系》(2021)里,用"三块肉"来形象地比喻三年规划:创业者先"吃一块",指要做好今年该做的事;"夹一块",指同时把明年要做的事准备起来;"看一块",指还要盘算和准备后年的事。

此时,要用"SMART"原则来设定三年中期目标:明确、具体的(specific);有数字、可衡量的(measurable);有挑战性却又可实现的(attainable);相关的、有价值的(relevant);有时效的、机不可失时不再来的(time-bound)。然后通过季度复盘、年度调整和滚动的三年规划,不断地接近公司的十年目标(愿景)。

制定一年规划

有了公司的三年规划,再往下,创业者就要更进一步地贴近日常工作,来制定一年里要做的1～3件事,即短期目标。初创公司,创业者由于经验或能力的问题,可能只能想到3个月、6个月之内要做的事情,这时候,做好一年规划就显得尤为重要了。

股神巴菲特的思考逻辑是:只做一件事,有100%的精力;做两件事,每件事就只能分配到50%的精力,以此类推,做5件事,那每件事就只能分配到20%的精力。人的时间和精力都是有限的,对于创业者来说,你可能有100件事情要做,但你应该知道,对于公司来说最重要的事情是什么、第二重要的事情是什么、第三重要的事情是什么。然后根据排序,把最重要的资源(人、钱、时间)投在最重要的事情上。

在初创公司,常见的问题有两个,一是目标太多、不聚焦,而资源有限;二是目标不一致、箭头乱飞,产生内耗。所以,创业者要通过认真的学习、研究和思考,根据公司的使命、愿景、战略和三年规划来确定公司在这一年里要做的1～3件事,这1～3件事是能给公司带来突破的事,是不做会贻误战机影响公司发展的事。紧接着公司就要根据这1～3件事来为后续的组织保障和执行落地提供靶子和方向。这三年规划和一年规划就是在考验新创公司CEO工作排序和抓重点的能力。

　　我创办"立明致远物流大讲堂"之后,经过与董事会成员和顾问团成员的充分交流,就定下来 2019 年主要要做三件事:

　　一是通过年初举办立明致远物流大讲堂启动仪式,向全国各口岸的航运物流货代企业宣告行业有了一家专门针对员工职业教育培训的机构,希望今后大家有机会可以多多互动交流、合作共赢。

　　二是,2019 年上半年,我最主要的工作精力和重点都放在大讲堂官网和微信公众号的建设上。经过前期的努力,在战略伙伴单位厦门荆艺科技有限公司专业团队的鼎力支持下,立明致远物流大讲堂的官网和微信公众号 1.0 版于 2018 年 12 月 18 日正式上线,然后根据用户的反馈意见我们不断完善和修改。随后,我们在 2020 年 11 月与国内著名的教育培训技术专业服务商—创客匠人合作推出了立明致远物流大讲堂线上平台 2.0 版本,为我们的会员企业与学员提供功能更齐全、品质更优良的线上服务,让行业企业和个人能够更流畅更高品质地观看我们网上课程的直播及无限次数回看全部教学视频录像。

　　三是,2019 年下半年至今我的工作重点之一就是不断地挖掘和寻找行业知名的老师(包括高校老师和行业精英)来加入立明致远物流大讲堂的优秀讲师团队,请每个老师把他们的经典课程带到大讲堂的平台。迄今,立明致远物流大讲堂的平台已聚集了全国超过百名的高校老师、法界精英和企业高管,每个老师都不定期地来到大讲堂,或参加大型论坛,或开办讲座,或举办专题沙龙,大讲堂的线上平台也同时收集了这些老师的精彩演讲或教学录像,供会员企业和个人随时免费观看学习。

本章总结

1.战略＝战＋略，它是一场特殊的"旅行"，除了要自问自答"我是谁，要到哪去，如何去"三个问题之外，还要回答"在哪竞争"—战，以及"如何竞争（取胜）"—略。战略就是实现使命和愿景的具体打法，就是制定企业的商业模式，决定做什么和不做什么，以及如何去赢得市场的竞争，让企业得以持续盈利并发展的谋略。

2.制定企业战略，你一定要有战略视野，既站在整个产业结构的高度审视本企业的战略机会点和战略定位；还要能够看到整个产业结构未来演进的趋势及关键驱动力，未雨绸缪、提前布局，寻找互补的合作伙伴，盯着步步紧逼的竞争对手，还要警惕虎视眈眈的潜在威胁，通过与供应商结成战略合作伙伴关系，为客户创造价值，成为客户不可或缺的事业伴侣。

3.战略就是战略，它适用于任何公司，与公司大小没关系。在战略启动后，初创的小公司更容易向每个员工传达公司的战略，激励员工，可以更加迅速地调整方向，招人的效率更高，决策中的官僚障碍也相对少一些，比那些庞大的对手更容易看到出现的问题并及时纠正。

4.三年规划起着承上启下的作用。承上，是把公司的使命和愿景按照公司战略拆成三年规划，把遥远的大目标拆成看得见、摸得着的三年中期目标；启下，三年规划想清楚了，才能计划1年之内要做的最主要的1～3件事，即一年规划。这两个规划都想清楚了，后面才能在组织保障和执行力方面做好。

§ 第四章 §

公司保障层面的准备

◉ 案例导入

有"股神"之称的沃伦·巴菲特和世界著名投资大师查理·芒格创建的伯克希尔·哈撒韦公司从事的是投资理财业,2017 年 12 月 8 日,伯克希尔·哈撒韦公司的股价是 30 万美金,成为历史上股价最高的公司。可能很多人都想象不到,伯克希尔·哈撒韦公司的总部竟然没有自己的办公大楼,只在基伟大厦的 14 层租了半层做办公室。创始人巴菲特的办公室只有 16 平方米。

有人曾问巴菲特:"伯克希尔·哈撒韦公司现在有多少人?"要知道,伯克希尔·哈撒韦公司大概管理着几千亿美元的资产,大家想象一下这家公司需要多少人?巴菲特的答案肯定会令大多数人大跌眼镜,他说:"我们公司最近官僚主义非常严重,总部的人员猛增,已经从 15 个人发展到 18 个人了。"

与一般的资产管理公司相比,伯克希尔·哈撒韦公司既没有律师和战略规划师,没有公关部门或人事部门,没有门卫、司机、信使等后勤人员,也不像其他现代金融企业一样,拥有一排排坐在电脑终端前的金融分析师。

到 2018 年年底,伯克希尔·哈撒韦公司的人数长期保持在 25 人,主要包括巴菲特和他的合作伙伴查理·芒格、CFO 马克哈姆·伯格、巴菲特的助手兼秘书格拉迪丝·凯瑟、投资助理比尔·斯科特,此外还有两名秘书、一名接待员、三名会计师、一名股票经纪人、一名财务主管以及保险经理。

有人曾就此问过巴菲特,老爷子的回答听起来是那么理所当然:"公司要那么多人,那么多楼干什么?"

(摘自樊登.2019.低风险创业[M].北京:人民邮电出版社.)

设计合理的组织架构

黄旭老师在《13＋1 体系》(2021)一书中用建房子来形象地比喻企业的管理体系。使命和愿景是房顶,决定了公司的高度;价值观是地基,决定了公司的可靠性,能否经得起风吹雨打;战略和规划等于设计房屋的楼层及建设的进度;而组织架构相当于房梁和承重墙,决定了公司的布局和结构。

对于新创公司而言,设计合理的组织架构是公司日常运营管理中很重要的一环,是组织保障的第一步,这里做偏了,后面的绩效指标、计划和预算以及激励等工作都会走偏。创业者要根据前面定下来的公司三年规划和一年规划,设计出能实现规划的最合适的架构,然后把合适的人放在合适的位置上。此时,切记量入为出,不要因为好大喜功,或者撑面子,就把公司架构设计得非常庞大,而后据此招进来很多无所事事的闲人,导致公司产生巨大的运营成本。

IMUV 创始人埃里克·莱斯在《精益创业》(2012)一书中

给新创企业的定义是：新创企业是一个由人组成的机构，在极端不确定的情况下，开发新产品或新服务。一家新创企业要取得成功，它的日常经营活动必须蕴含着与建立机构相关的一系列活动，比如：雇佣有创造力的员工，协调他们之间的工作，建立以结果为本的企业文化等，它实质上就是一个充满人类活动的机构，在任何情况下，组织架构设立的目的都是为顾客提供一种新的价值来源，并关注其产品或服务对顾客的影响。

硅谷资深投资人本·霍洛维茨在《创业维艰》（2015）中指出：组织架构设计就像搭建互通信息的交流网络，这个网络决定着公司与外部世界打交道的方式。有鉴于此，创业者在进行组织架构设计时需要遵循以下几个基本步骤：（1）明确同事之间要交流的信息内容；（2）明确要由创始人做决策的事项；（3）明确团队成员的分工；（4）明确各个小组（或部门）的负责人；（5）明确公司还有哪些方面需要完善；（6）制定方案以应对那些尚未完善的问题。

综上所述，组织架构是一个企业的骨骼，展现了企业的生存业态，它是基于企业的商业模式、盈利模式和发展战略而产生的。初创企业要搭建扁平的组织架构，层级不宜过多。从决策层到业务第一线，再到用户，中间不宜超过两层架构。业务线的一把手必须能够直接触达用户，接近市场，力求反应敏捷，只有这样的组织才能对市场的变化和用户的需求做出迅速、有效的反应，从而保障自己的生存。

此时，创业者要清醒地意识到，理想的组织架构设计根本不存在，应该在后续的工作中权衡各方面的利弊，并思考如何推进组织架构改革，以及多久进行一次组织架构重组。调查发现，很多好的企业至少每隔一年就会根据战略的需要而调整一次组织架构，世界管理大师彼得·德鲁克说："没有唯一正确的组织架构,只有普遍适用的组织原则。"

在设计组织架构的阶段,新创公司常见的问题是:第一,战略、三年中期目标、一年短期目标没有想清楚,没有弄明白,以至于没有方向,对组织架构没有详细、合理的思路,只是因人设岗。第二,用人不当。很多时候,创业者明明知道身边的人不合适,但由于种种因素而没有调整也没有采取必要的行动,得过且过。这样的组织到最后就成为一潭死水或温水,没有激情也没有使命感。第三,创业初期,由于经费有限,创业者不管员工能否胜任岗位的需要,赶鸭子上架,甚至一人多岗,身兼多职。这样经营的结果一定是漏洞百出,无法为顾客提供优质的产品或服务,更不要说实现公司的规划和愿景了。

樊登老师在其《低风险创业》(2019)一书中建议创业者建立"反脆弱的商业结构",一个具备反脆弱能力的创业项目,最重要的设计特征是成本有底线,即便一直亏本,最多也只会到达成本的底线,不会无休止地亏下去。但收益却没有上限,企业可以不停地赚钱,不会出现明显的"天花板"。千万不要倒过来,赚钱有上限,亏钱却是一个"无底洞",天天赔钱对一般的创业者来说,是一件非常可怕的事情,因为你看不到希望,对未来失去掌控,巨大的压力让人情绪焦躁,这种坏情绪甚至会传染给员工,形成一个恶性循环。在书中,樊登反复提醒创业者,如果一个项目花100万做不成,那即便花1000万肯定也做不成。

所以,当准备开创一项事业来解决一个社会问题时,需要事先设计一个具备反脆弱结构的商业模型,才能具备一定的反脆弱能力,才能应对不确定的市场环境,否则,下一个倒下的可能就是你。

我在2019年创办立明致远物流大讲堂之后,通盘考虑公司未来发展的战略和中短期规划,觉得公司应该设立媒体专员来负责拍摄教学视频和直播工作,应该有个文采出众的同事来负责平台软文的写作、排版和教学课件的制作等工作,要有一个助理来负责联系全国范围内的老师、会员企业和个人,再有一个性格外向、活泼开朗的同事来负责组织活动、发展会员等……,根据这些岗位的设置,我有针对性地招聘合适的人才。至于专业性比较强的财务记账方面的工作,我觉得公司刚开始,工作量不大,可以外包给专业的财务管理公司。

所以,三年过去了,"立明致远"的在册员工包括我在内只有 7 个人(不算没加入营运团队的股东和老师),我在员工会议上强调,即使今后立明致远物流大讲堂在国内有一定的品牌知名度了,我也希望公司的总体人员规模不要超过十个在册员工。

制定各关键岗位的关键指标

根据公司的战略和规划,创始人要设计与战略和规划匹配的组织架构,并据此招聘合适的人才以求让规划落地,实现组织的短、中、长期目标。世界著名管理大师彼得·德鲁克说过:"公司管理就是目标管理",企业领导者和管理者就是要通过设置企业的关键岗位,并通过制定关键岗位的关键绩效指标来明确员工每个人每年要做的重要的事以及评估事情完成的结果。

创业公司在制定绩效指标时常见三种错误,首先是没有目标。创始人自己都不明确公司的战略和规划,走一步算一步;员工更是随遇而安,得过且过。在此,善意提醒创业者,人大多是被考核的动物,你要检查什么,员工的工作重点就会转向什么。因为绩效指标一确定,考核结果就会对应员工的奖金、福利和晋升。所以,新创公司一定要制定关键岗位的关键绩效指标,否则公司后面的计划、激励、考核和人才盘点等工作就没有方向,无从下手。

其次是目标太多。创业伊始,创始人什么都想做,但又不知道重点在哪里,出现拣了芝麻丢了西瓜的令人痛心的局面。作为创业者,你可以有 5 个、10 个甚至更多的目标,但一定要知道这些目标的排序,把第一、第二、第三的目标排出来,然后据此去分资源、定奖惩。

最后是目标不一致,让员工无所适从。创始人一定要确保关键岗位的关键绩效指标与前面定的公司战略、三年规划和一年规划相一致,让员工的力往一处使,大家的小目标完成了,汇集起来,就能够完成公司的大目标。这正如华为任正非所言:"水,一旦在高压下从一个小孔中喷出来,就可以用于切割钢板,可见力出一孔,其威力。"

具体而言,就是创业者和关键岗位的骨干,应根据之前设定的组织架构,在体现公司"战略意图"和"指标含金量"的基础上,根据制定目标的"SMART"原则,逐步确定每个关键岗位1~3个关键绩效指标,然后经过大家充分讨论和沟通,在取得共识后确定下来。确定后要让团队成员彼此知道对方的绩效指标,以便相互监督、相互支持、相互补台。

初创公司的一切都在摸索中,因此创业者不妨给每个指标设一个基本目标和梦想目标。基本目标是指员工在关键岗位上必须完成的任务,做不到就下岗或换人。除了基本目标,公司再定一个梦想目标,这是需要大家齐心协力"跳起来才能够得着"的目标,而且可以让团队自己提相应的资源支持和奖励要求,鼓励大家去挑战更高的极限。

制订计划和预算

公司明确了各个岗位的关键绩效指标之后，就要从人、钱、时间三个方面去调配资源以支持员工实现绩效指标，这个过程就叫计划（或称预算）。具体而言就是创业者在做计划这个环节时常见的失误是：不做计划或不过计划。创业者虽然定了关键指标，但没有据此转化为计划并配置资源；或者做了计划，但后续没有安排汇报、反馈、检查等步骤。

黄旭老师在《13＋1 体系》（2021）一书中用装修房子来形象比喻企业如何做计划。家里装修房子，一定要先有一套装修方案，包括设计效果图，确定预算（买材料、买家具、付人工费等）、施工计划，明确需要多少工人、什么时候泥水工进场、什么时候电工进场、什么时候木工进场，什么时候进家具。有了这个施工计划，业主也就知道大概什么时候房子可以装修好，然后，要经常到现场去看进度，并根据现场的实际情况不断地和装修队协商如何修改和调整装修方案，直至装修圆满完成。如果没有事先的计划或计划得很草率，那后面的施工肯定是一团糟。

"世界第一 CEO"杰克·韦尔奇在《赢》（2017）一书中深刻地指出，不只在新创公司，大部分企业中有过制订计划和预算经历的管理者，对每年一度的"预算编制和谈判"都是深恶痛绝，却又不得不全身心参与。虽然，制订预算的程序是公司经营中最缺乏效率的环节，它吞噬了人们的精力、时间、乐趣和组织的梦想，遮蔽了机遇，阻碍了增长，产生了企业组织中最没有效率的行为，形成了同事间互相敲诈，或者满足于平庸的坏风气。但绝大多数公司都把预算作为经营管理体系的大梁,所以,我们要尽量避免"谈判式解决"和"虚伪的笑容"两种错误的制订预算的做法。

最常见的错误是"谈判式解决"的做法。在实行"谈判式解决"做法的公司里,预算的制订是上下级之间博弈的结果,所以下级为了最小化自己的风险,最大化自己的利益,就会提出那些他们认为自己有绝对把握完成的目标。而上级的出发点却与一线人员相反,他们希望看到销售额和利润都能大幅度增长。于是,意见相左的双方在会场上相遇,大家心照不宣地进行无数回合的交锋,最后在马拉松式的谈判中达成妥协。双方都对最后达成的预算目标表示满意,到了第二年年底,业务部门达到或者超额完成了自己的目标,并获得了奖励,上级也获得了丰厚的回报。然后,这样可怕的程序又要再次重演。

第二种侵蚀企业价值的制订预算的做法是"虚伪的笑容"。业务部门充满激情和创意,对自己的事业设计了大胆的梦想,急于拓展自己的经营领域,但迫切需要总部提供资源上的支持。于是,业务部门负责人带着精心准备的方案,满怀希望地到总部汇报。但总部领导已经有了自己如何分配公司资源的计划,为了不当面打击下级的积极性,在马马虎虎地听了下级的汇报后就"满脸笑容"地打发下级回去听候指示。最后,下级得到的上级的答复往往与自己要求的相去甚远,倍感失落的同时也失去了对公司的责任心,忘记了自己当初制订经营计划时的热情,只是一门心思算计如何从公司搞钱、花钱来推动自己的方案。

针对两种常见的制订预算的错误做法,杰克·韦尔奇的建议是企业要建立与"战略规划"密切相关的预算体制。杰克·韦尔奇认为企业制订战略就是制订大方向的规划——找到聪明、实用、快速、能够获得持续竞争优势的办法，寻找所有可能实现业务增长的机会，把合适的人放在合适的位置上，将活力、乐趣等要素注入计划中，然后以不屈不挠的态度改进和执行而已。这时公司上下要把注意力放在"知己知彼"两个方面上：我们怎么超越去年的业绩？我们所处的行业是大众化的，还是高附加值的，抑或是介于两者之间的？决定行业利润率的主要因素是什么？我们更擅长在哪一个市场展开竞争？我们的竞争对手是谁？每个竞争对手有哪些优势和劣势？他们正在做什么？我们如何战胜他们？

这时，上下级将共同确立一个增长目标，那不是谈判，也不是强迫，甚至都不能被称为"预算"。那其实只是一个关于明年工作的"运营计划"，充满了创意、灵感和活力，确立了大方向，而作为目标的数字也是双方共同认可的，或者说，那是一个所谓反映"最大努力"的目标数字。到了年底，对个人和部门的奖励并不是根据实际业绩与预算目标的对比（预算达成率）来决定的，而主要通过实际业绩与以前的业绩以及竞争环境的对比来决定，并把现实的战略机会和困难的因素考虑进来。这样就避免企业错误地奖励了那些虽然完成了预算，但增长速度却低于行业平均水平（竞争对手）的部门，而忽视那些虽然没有完成预算，但在艰难的环境中，表现得比竞争对手优秀的部门的失误。比如，考评时，你的同行业务都跌了 30～40％，而你才跌 10％，那就应该得到奖励；但如果你的同行都涨了 40～50％，你才涨 25％，那应该得到批评和处罚。

这样的预算会议能够激发人们每天创造发明和提高效率的热情，面对激烈的全球竞争也毫不畏惧，它能够让那些坐在会议桌两侧的人团结起来，共同讨论公司的方向和前景，并且坐到同一侧来，从此不再讨厌和抗拒开"预算"会议。

嘉御基金创始人卫哲先生针对企业制定计划和预算会出现讨价还价的情况,剖析其根源在于公司的激励机制设计是基于跳高的逻辑——目标越低,成功率越高。所以当老板希望定更高的目标时,员工会拼命说不行做不到,因为他知道目标越低越容易做到。跳远的逻辑就不一样,你跳两米,给你两米的资源和奖励;你跳四米、五米,就给四米、五米对应的资源和鼓励。

所以,企业考核要取消预算达成率,只考核团队或个人有没有比过去做得好,有没有比竞争对手(市场)做得好!

制定合理的奖惩制度

初创公司根据组织架构设置关键岗位,然后就这些关键岗位制定关键绩效指标,并配置相应的资源来支持指标的实现,接下来就要制定合理的奖惩制度(游戏规则),告诉员工做好了会得到什么,做不好会怎么样。有了这个激励机制,再往下就是撸起袖子加油干,创业者要适时跟进、考核和反馈,兑现奖罚,让员工收获与他们付出匹配的成果。一般初创公司可以使用四种激励资源实施奖惩,分别是:工资、奖金、股票和机会,其内涵就是设计公司合理的薪酬管理体系。

薪酬管理是人力资源管理的重要组成部分,它的目的和作用在于降低员工的流动率,特别是防止高级人才的流失;它能将短期激励和长期激励相结合,实现对高级人才的吸引;还能减少组织内部的矛盾,实现企业的可持续发展。

薪酬管理最困难的任务有二,其一是员工对薪酬极大关注和挑剔;其二,薪酬管理依据实际情况不同而异,没有统一的模式。所以为了做好薪酬管理必须与人力资源管理的其他职能紧密结合才能发挥更大的效用,为此必须处理好薪酬管理与工作分析、人力资源规划、员工招录、绩效管理、员工培训与开发以及员工关系管理等方面之间的关系。为了克服以上两个困难,建立科学规范的薪酬制度是企业管理中一项非常重要的工作。

所谓的薪酬制度是组织薪酬分配依据、分配形式、分配标准等要素形成的为组织、社会所接受的分配过程中的分配原则、方式、过程的总和,即分配中的四大命题:以什么标准分配,用什么来分配,分配的数量和分配的过程。一项有效的薪酬机制需要具备 4 个特征:对内的公平性、对外的竞争性、对个人的激励性以及易管理性,总体要符合国家和地方政府现行的法律法规,也不能设计得太复杂,要便于员工的理解以起到激励性与约束性并存的作用。(详见图 4-1)

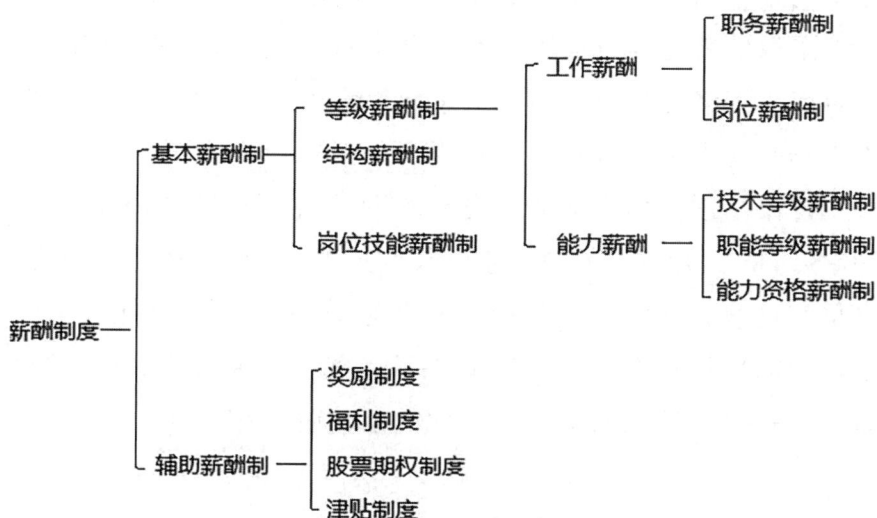

图 4-1　薪酬制度的构成模型

薪酬制度的设计一方面既要满足员工的物质需求并起到调动员工积极性和创造性的作用；另一方面要让企业以最小的管理成本来实现企业最大目标或效益。这两方面相对矛盾，所以其设计要遵循公平、竞争、激励、经济、战略、合法等原则。

在设计基本薪酬制度——工资制度时，务必把握好同工同酬原则，合乎法令原则，简单、实用、普遍性原则。工资制度的设置和管理有一整套完整的程序，它由七个基本步骤组成，分别是制定企业工资分配的原则与策略，工作分析与设计，工作评价，工作调查数据与数据收集，工资结构设计，工资分级与定薪，工资制度的执行、控制与调整。

一般薪酬结构为基本工资＋岗位津贴＋福利＋绩效奖金，企业应根据自身特点和发展战略建立一种以市场薪酬水平为依据的薪酬结构及各自权重。比如当企业盈利状况良好且处于行业领先地位，为了吸引和留住人才，企业可以采取高于行业平均水平的高薪酬战略；当企业的目标是追求平稳发展时，可能采取的就是与行业平均水平基本持平的平均薪酬战略；如果企业为了降低经营成本，提高产品的竞争力，可能会采取低于市场平均水平的低薪酬战略。

建议初创公司采取低工资高奖励、高福利的结构来制定薪酬制度，低工资是为了让企业以较低成本运营，减轻经营压力，尽早实现盈利；高奖金、高福利是为了保证员工的总体收入高于行业的平均水平以留住员工。不管执行何种薪酬战略，关键原则就是要让员工的贡献度与他的总体收入相匹配。

创业者建立工资制度后，就要考虑如何将其投入正常运作并对其实行适当的控制与管理，使其发挥应有的职能，并且随时进行适当的调整，以适应企业生产经营发展的需要。

以绩效为导向的工资制度强调员工的工资调整取决于员

工个人、部门及公司的绩效,以成果与贡献度为评价标准,其主要特征为:注重对个人绩效差异的评定,认为绩效的差异反映了个人在能力和工作态度上的差异;个人的工资增长与个人的绩效直接挂钩;强调以目标达成为主要评价依据,注重结果。

绩效奖励计划是指员工的薪酬随着个人、部门或者组织绩效的某些衡量指标所发生的变化而变化的一种薪酬设计。从时间角度来看,分为短期绩效激励计划和长期绩效激励计划;从激励对象角度来看,分为个体绩效激励计划和群体绩效激励计划。短期绩效激励计划分为绩效加薪、一次性奖金、月或季度浮动薪酬、特殊绩效认可计划;长期绩效激励计划主要是股票所有权计划。个人绩效激励计划分为计件工资计划、标准工时计划、差额计件工资计划、可变计件工资计划;群体绩效激励计划分为利润分享计划、收益分享计划、目标分享计划等。

员工福利是企业薪酬体系中的一个重要组成部分,是企业为满足员工的某些需求,向员工及其家庭提供的除货币以外的实物和服务等一切待遇。首先,员工福利是薪酬的一个组成部分,越来越多的企业以此来吸引高素质的人才。其次,员工福利是基于员工某些需求的产物,这些需求可以是生活层面上的,可以是工作环境上的,也可以是更高层次的精神方面的需求。

员工福利是企业薪酬体系中一个重要的组成部分,虽然不像货币薪酬那样具有明显的直接激励力,但它的作用也是非常大的。良好的企业福利制度可以帮助企业更有效地吸引、留住和激励员工,从而起到增强企业竞争力的作用,同时也可以有效提高成本效益和避免劳资纠纷。

现在各类人才，尤其是高科技领域的人才，在专业和管理知识技能方面自我更新和自我提升的需求日益强烈。同样，对于职场新人来说，他们也非常关心自己在企业未来的发展空间，在求职过程中最关心的问题就是：企业有没有相关的业务培训？我们将来如果想进修，企业能不能提供支持？之所以出现这种情况，是由于随着知识经济和信息时代的到来，人们越发感到知识的匮乏、能力的不足，接受再教育的欲望越来越强烈，而培训是提升自我素质行之有效的途径。因此越来越多的员工把培训机会视为一种很好的福利，越来越多的企业为适应员工的要求，将开展员工培训，鼓励员工终身学习、不断提高自身技能作为一项福利。

员工培训是创造智力资本的途径，无论对员工还是企业而言都有极其重要的意义。首先，企业在面临全球化、高质量、高效率的挑战时，培训不仅能激发员工工作的积极性和创造性、改善工作质量、构建高效的工作绩效系统，而且能使员工的知识和技能得到明显的提高，工作态度显著改善，由此提高企业效益。其次，提高员工工作能力，为其取得好的工作绩效提供了可能，也为员工提供了更多晋升、获得较高收入的机会。最后，在现代企业中，员工的工作目的更重要的是为了自我价值的实现，培训不断教给员工新的知识与技能，使其能适应或能接受具有挑战性的工作与任务，实现自我成长，这不仅使员工在物质上得到满足，而且使员工有精神上的成就感，从而能较好地满足员工实现自我价值的需要。因此建立一种新的、适合未来发展与竞争的培训机制也就日益成为一种发展趋势。

在初创公司，由于忙于处理日常事务，大多数 CEO 忽视了对员工的培训。硅谷著名投资家本·霍洛维茨在《创业维艰》

（2015）一书中用四个理由阐明了初创公司培训员工的重要性：(1)提高员工的生产力和工作效率；(2)公司通过对员工进行岗位培训，提出对其工作的期望值，否则绩效管理毫无基础；(3)提高产品/服务的质量；(4)通过团队建设，让主管指导训练自己的员工，使其学习新的技能，看到自己职业发展的前景，从而提高员工归属感、降低流失率。

常见的培训方法有学校进修法、讲授法、视听技术法、讨论法、案例分析法、角色扮演法、观摩范例法、互动小组法、线上远程培训法等。培训后人力资源部门一定要注重培训效果评估，对受训者经过培训后所获得的知识、技能和其他特点应用于工作中的程度与效果进行评估，否则培训很容易流于形式，或受训后的短时间内受训者像打了鸡血一样兴奋，精神状态有所改善，但过后不久就一切恢复常态，甚至还会埋怨组织没有培训师口中所描述的理想，培训起到了反效果，所花费的成本都打了水漂。企业管理关于培训有个定律：请老师来授课只能起到培训目标20％的效果，其余80％的目标都要靠企业在受训后不断的实践、复盘、总结、学习中取得。

阿里巴巴前高管、创业酵母创始人张丽俊在《组织的力量——增长的隐性曲线》（2022）一书中指出，企业80％的共性问题，如岗位胜任力等，可以通过集体培训解决。而20％的个性问题则要通过在岗辅导解决，因为每个人处于不同的场景中，需要深入辅导的内容是不同的，比如新入职的职场新人，技能很弱，但意愿很强，需要业务技能的辅导；新晋的主管，业务能力很强，但管理能力弱，需要管理思维和能力的训练；明星员工容易懈怠，需要辅导的是心态，需要给他更大的舞台，让他挑战更高的目标。

在此，提醒初创企业领导者规避导致培训失败的三个误区：

1.不了解何谓培训

培训是企业为了增加自己的业绩而开展的提高员工学习能力和学习氛围的一切活动。培训不等于学习,培训也不等于教育,所以企业不能以课堂教育的方式来进行企业培训,这是很多企业培训失败之源,培训一定要轻松活泼,让员工喜欢上培训。

2.不了解培训的方式

员工是否通过培训掌握一项技能是要在工作中验证的,要看工作的表现,所以,培训中学员是主角,老师是次角,方式要以游戏、案例、模拟讨论等实战形式为主。

3.不了解培训的过程

培训的主要过程包括培训需求分析、培训计划、教学计划、实施培训、培训反馈、效果检验等,人力资源部门对公司员工真正需求的了解以及后续对培训效果的追踪、反馈和督导起了决定性的作用。

世界领先的关务科技集团——上海欧坚网络发展集团股份有限公司董事长葛基中博士总结了欧坚集团培训成功的经验:一个中心(以学员为中心)、两个重点(了解培训需求和跟踪培训效果)和三个维度(高层领导、直属上级、培训讲师重视)。他认为培训要取得成功必须具备六个要素:学员必须愿意学习,才能取得最终成果;学员必须觉得需要学习;学员必须通过行动来学习,而不是死记硬背;必须要有轻松的学习环境;采用多种方式,避免课堂或填鸭式的模式;教学要采用破冰技术,培训师要善于打破僵局,利用游戏和笑话来活跃气氛。

正是由于欧坚集团如此重视培训,所以该集团才在2022年初聘请"立明致远物流大讲堂"及本人为欧坚集团的管理咨询顾问,从今年 4 月开始,大讲堂将根据欧坚集团的总体培训计划,每个月派一名资深讲师到欧坚集团去授课,并当场针对学员在工作、生活、学习中遇到的难点痛点答疑解难。

所以,创业者既要清楚培训对新创企业的重要性,也要明白企业培训只是保健药,不是救命药,不能寄希望于名师的几堂课就能让企业脱胎换骨,突飞猛进。正确的做法是要在名师的指导下,根据企业自身的特点去制定有前瞻性的战略和规划、设计健康的组织架构和关键指标,制定合理的奖惩制度,以此激发团队的积极性和主动性;随后,实践中要不断针对培训中暴露出来的不足和短板,制订有效的整改措施和行动计划,公司领导者和管理者同时要强力督促员工将计划付诸行动,并通过实践来检验整改的效果,再进入下一次 PDCA 循环,这样的教育培训方式将使大家齐心协力、努力奋斗去实现组织的愿景。

福利管理在现代企业管理中日益受到重视,一是由于政府法律法规的不断完善,要求企业必须做出具体的福利计划以及对员工和组织做出承诺。二是人们认识到福利激励功能越来越重要。如果企业缺乏对福利的规划和管理,那么福利成本对企业而言就会是一种损失。特别是在这几年世界经济形势总体上一直处于萎缩低迷状态,新冠肺炎疫情又使复苏乏力的世界经济雪上加霜的情况下,广大小微企业创业者倍感经营上的压力,在量入为出的逻辑指导下,通常会大幅度减少员工福利,特别是培训方面的开支。这是狭隘的思维模式,他们认为目前员工流动性这么高,等我培训好了,员工跑了,我不等于是在帮竞争对手培养人才吗?殊不知,这会给行业带来人才素质不断下降的恶性循环。建议这些创业者逆向思考:万一不把这些员工培训好,留下的都是一些能力低、素质差的员工,那怎么能提升公司的服务水平,把客户照顾好呢?

所以,我一再呼吁中小微企业创业者一定要用宽广的胸怀、公益的情怀来保证员工的福利,所谓"我为人人,人人为我",你对员工好了,员工就有归属感、成就感和荣誉感,就会留在你身边跟你一起奋斗打拼而不会计较一时的得失,那是谁赚了呢?

根据专家学者的研究和实践经验,薪资、五险一金、午餐误餐补贴等福利是保健因素,它只能起到降低不满的作用,不是激励员工的主要因素。管理大师彼得·德鲁克说:"物质奖励的大幅增加虽然可以获得一定的激励效果,但付出的代价实在太大,以至于超过了激励所带来的回报。"事实证明,高薪并不能买到人才的忠诚和对事业有所成就的渴求,而且随着时间的推移和报酬的提高,提薪所带来的激励效应就会逐渐衰退直至消失。另外,保健因素的最大特点是只能升,不能降,更不能取消,否则会引起员工的强烈不满甚至离职。

同时,专家经研究发现,尊重、赞美、荣誉、情感、沟通、参与、兴趣、危机、竞争、培训、提升、愿景等非经济手段的激励因素能带给员工强大的行动力,而其中很多员工认为教育和培训是公司提供的最好福利,使用这些激励方法,管理者将不用再考虑激励成本,激励效果却能大大提高且持久。

哈佛大学一项调查研究证实,员工满意度每提高3%,顾客满意度就能提高5%。当一个人的情绪处于"爽"的状态时,就能充分调动他的主观能动性,以积极的姿态受领任务,以饱满的热情投入工作。该调查显示,37%的职场人员表示更看重工作带给自己的愉悦感,其次是工作带给自己的成就感。

企业要想让员工快乐地工作,就要为其创造一个愉悦的工作环境和氛围。首先创业公司不一定要选择高大上的办公场所，但办公室一定要布置得温馨舒适，让员工置身其中，倍感温暖和愉悦；其次，创业者应该注意适当调整自己的管理风格，创建自由、真诚和平等的工作氛围，这是创业者必须修炼的一种能力。

创业者可以通过保持工作气氛的轻松愉快、对员工的肯定和信任、给予员工足够的空间、给予培训的机会、岗位轮换、组织员工活动、通过各种形式（年度、季度、月度、不定期、随时随地）的表彰公司先进和优秀员工等方式方法，千方百计地唤起员工的热情，这样一来，快乐工作带来的成功将是惊人的，企业既定的战略规划也就有望实现。

综上所述，创业者应有清醒的认识：再完善的制度也是冰冷没有温度的，在激发员工潜能和内在动力方面，比金钱更能激励员工的是公司和上级对自己的肯定和赞赏，员工为此而获得的成就感和归属感比获得金钱短暂的喜悦要持久得多！没有其他事比提拔某个人更能体现这个人对组织的价值，通过提拔下属，我们为组织中的其他人树立了学习的楷模，同时也在向其他人传达绩效的重要性。

本章总结

1.使命和愿景是房顶，决定了公司的高度；价值观是地基，决定了公司的可靠性，能否经得起风吹雨打；战略和规划等于设计房屋的楼层及建设的进度；而组织架构相当于房梁和承重墙，决定了公司的布局和结构。

2.创业者和关键岗位的骨干，应根据之前设定的组织架构,在体现公司"战略意图"和"指标含金量"的基础上,秉持制定目标的"SMART"原则,逐步确定每个关键岗位1~3个关键绩效指标,然后经过大家的充分讨论和沟通,在取得大家的共识后确定下来。确定后要让团队成员彼此知道对方的绩效指标,以便相互监督、相互支持和相互补台。

3.新创公司在设计薪酬管理体系时要遵循的一个原则就是让员工的总体收入与他在企业的重要性和贡献度成正比。

4.创业者可以通过保持工作气氛的轻松愉快、肯定和信任员工、给予员工足够的空间、给予培训的机会,轮换岗位,组织员工活动,通过各种形式(年度、季度、月度、不定期、随时随地)表彰公司先进和优秀员工等方式方法,千方百计唤起员工的热情,这样一来,快乐工作带来的成功将是惊人的,企业既定的战略规划也就有望实现。

5.创业者应在名师的指导下,根据企业自身的特点去制定有前瞻性的战略和规划、设计健康的组织架构和关键指标,制定合理的奖惩制度来激发团队的积极性和主动性,使大家齐心协力、努力奋斗去实现组织的愿景。

§　第五章　§

融资有道

● 案例导入

　　不少新创公司在创业之初因为急于融资,没有过多地考虑公司的控制权,结果导致自己创办的公司拱手让人。中国企业网创始人张翼光的经历就是一个典型的案例。

　　1998 年,张翼光创办中国企业网,1999 年 9 月被一家集团公司收购了 80% 的股份。融资后,张翼光出任董事兼总经理,对方另派一个人担任董事长。2003 年 8 月,中国企业网更名为中企动力科技股份有限公司,进入辅导上市期。而 2004 年春节以后,一直与该董事长保持良好合作关系的张翼光发现双方的矛盾越来越大。对方所派董事长"要求公司发展更快、盈利能力更强,但我们认为企业的发展速度已经比较快了"。2004 年 3 月 29 日,该董事长签发了一纸董事会决议,宣布罢免董事、总经理张翼光的职务。事情发生后,张翼光认为该董事长要自己离开的方式是不合法的,称当天并没有召开任何会议并且某董事的签名系伪造,该董事会决议也是伪造的,并为此与之对簿公堂。但是,张翼光最后还是不得不离开自己一手创办的中国企业网。

　　张翼光在总结自己的经验教训后表示,如果自己再次融资,"一定要制定科学的、符合法律的文件,把合作伙伴、小股东的利益都固定下来，公司中的每张纸都是珍贵的"。

摘自阳飞扬.2011.从零开始学创业[M].北京：中国华侨出版社.

融资的主要途径

对于创业者来说，能否快速、高效地筹集到启动资金是初创企业站稳脚跟的关键。对于创业者来说，取得融资的渠道大约有：自有资金、民间资本、银行贷款、股权融资和风险投资等。

民间借贷

创业者，特别是刚从学校步入社会的年轻人很多是从零开始，他们的创业资金大多是从家人或朋友处筹集来的，这些资金主要是采取借款或产权资本的形式进入创业公司，这种资金融通方式，就叫民间借贷。

建议创业者最好是以借款的方式从家人或朋友处获得资金，尽量不要接受家人或朋友以权益资金入股的形式，以免稀释自己的股权和失去对公司的控制权，不利于初创公司的管理、经营和决策。这时候，创业者要记住"亲兄弟，明算账"的古训，一定要和出资人签订好借款协议，规定好借款利率以及本金和利息的偿还计划，而且一定要按协议约定的时间，准时归还利息和本金，避免因不及时偿还债务而破坏彼此的感情，甚至影响到自己的信用和名声。

如果出资人一定要以权益资金入股，而创业者也没有其他更好的融资渠道，那就要在法律顾问的指导下，与出资人签订协议，把双方的责、权、利确定下来，然后按照《公司法》等有关法律法规,规范管理初创公司。新创公司切记准时派发权益投资人的红利,不要破坏亲戚、朋友、熟人彼此间的信任、信用关系。

银行贷款

相对于其他融资方式,银行贷款是一种比较正式的融资方式,但事实上,对于初涉社会的创业者,没有任何抵押和信用基础,要想获得银行的贷款还真不容易。因此,创业者要想顺利得到银行贷款,必须对银行贷款的形式和流程有所了解。对于创业者来说,银行提供的贷款主要有以下类型:

1.创业贷款。创业贷款是指具有一定生产经营能力或已经从事生产经营活动的个人,因创业或再创业提出资金需求申请,经银行认可有效担保后而发放的一种专项贷款。

2.抵押贷款。如果创业者有土地、房屋等不动产,或股票、国债、企业债券等银行承认的有价证券,以及金银珠宝首饰等动产,可以以此作抵押向银行获取贷款。适合创业者的有:不动产抵押贷款、动产抵押贷款和无形资产抵押贷款等。

3.质押贷款。如果创业者有银行存款单、国库券、保险公司的保单、提货单、商标权、工业产权等,都可以以此做质押,申请获取银行的贷款。

4.保证贷款。如果你没有存单、国债、保单,但你的父母或配偶有一份较好的工作,有稳定的收入,只要他们愿意担保并提交银行需要的一些资料,就可获取银行批准的创业资金。

总之,创业公司应重视银行贷款融资的多种方式,不断加强和银行的合作关系,给公司提供一个更大的融资想象空间,这也是考验创业公司融资创新能力的一个大舞台。

股权融资

股权融资是指初创公司的股东愿意出让部分企业所有权，通过企业增资的方式，引进新的股东的融资方式。股权融资所获得的资金，企业无须还本付息，但新股东将与老股东分享企业的盈利与增长。这种融资方式对于创业者来说，也是一种较为现实和便捷的融资方式。但，新股东的进入，也意味着新合作伙伴的加入，创业者需要注意的是对企业控制权的把握。

初创公司的创始人尽可能不要丧失对企业的控制权，在融资时一定要把握住企业的控制权，而且在开始时最好是绝对控股，而不是相对控股。创业者也可以通过分段融资的方式将股权逐步摊薄。这样做有两方面的益处，首先是融资数额较少，比较容易融资成功。其次，可以保证创业者对公司有绝对的控制权，而且在每一次融资过程中，都可以实现一次股权的溢价和升值。当然，融资成功的前提条件是项目好，企业有前景，对出资人才有吸引力。

在这里简单跟大家介绍企业股权结构的五条生命线：(1)拥有67％以上股权的股东对企业有完全控制权；(2)拥有51％股权的股东有相对控股权；(3)拥有34％股权的股东有一票否决权；(4)拥有20％股权的股东有界定同业竞争权利；(5)拥有10％股权的股东可以申请解散公司。

但以上的规定也不是绝对的，马云持有阿里巴巴7.4％股权，却能掌控公司；任正非持股华为不到1％，却能手握大权。所以，当企业一旦决定进行股权融资时，创业者一定要尽早请一些专业的中介机构参与设计相应的财务结构、股权结构及法人治理结构，代替由创始人拍脑袋做决策的草根行为，避免不必要的法律风险。

此外，股权融资的另一个结果就是投资者以股东（董事）的身份加入公司，因此，创始人还要妥善处理好和投资人的关系，尽可能选择志同道合的合作伙伴，要让投资者起到如虎添翼的作用，而不是引进一个搅局者或阴谋家。

除了上述的集中融资方式，如果创业者是在校学生（含硕士、博士），且在校无不良记录，主要从事高新技术产品的研制、开发、生产和服务等业务，有较强的市场开拓能力和较高的经营管理水平，并有持续创新的意识，也可以申请创业投资基金。

创业投资基金是由一群具有科技或财务专业知识和经验的人士操作，并且专门投资具有发展潜力以及快速成长公司的基金。它是以支持新创事业，并为未上市公司提供股权资本的投资活动，但并不以经营产品为目的，它主要是一种以私募方式募集资金，以公司等组织形式成立，投资于未上市的新兴中小型企业（尤其是新兴高科技企业）的一种承担高风险，谋求高回报的资本形态。创业投资基金支持的项目是符合国家产业政策、技术含量高、创新性较强的科技项目，有较大的市场容量和较强的市场竞争力，有较好的潜在经济效益和社会效益，项目应具备一定的成熟性，以研发阶段项目为主。

获取风险投资

所谓的风险投资是一种股本投资，是风险投资家以参股的形式进入创业公司，作为一种长期投资，它一般要与创业企业相伴5～7年。风险投资是高风险高回报的投资，因为初创公司如果创业失败，投资者就血本无归，但初创公司一旦成功则有很高的投资回报率。在实现增值目的后，风险投资一般要退出投资。

风险投资的最大特性就是对高风险的承担能力很强，与此相应，它对回报的要求也非比寻常。对于创业者来说，寻找风险资本的支持有两条途径：一是直接向风险投资商递交商业计划书，靠好的项目、优秀的商业模式、配合良好的创业团队来吸引风险资本；二是通过融资顾问获得风险资本的资助。

一般来说，对于创业者，优秀的投资者之所以可以给企业带来很多价值，其原因在于：它可以帮助初创企业完善商业模式，使其盈利模式更加清晰、可落地操作、可持续运营；可以帮助完善初创公司创业团队的整体素质和凝聚力，提升企业管理水平和优化团队建设；投资者可以通过其人脉关系，促进初创企业发展和拓展业务，还可以为企业招揽优秀人才；初创公司如果获得一些著名资本投资企业的青睐，还可以带来品牌效应，让初创公司迅速得到市场认可，创造价值。

总体来说，优秀的投资者可以给初创企业带来的帮助在于商业模式设计、战略把握、改善管理、团队建设、业务拓展、平衡关系和品牌提升等方面。但，并非所有创业企业牵手风投资本都能成功。

纵观四周，风投资本和创业者的蜜月期过后，矛盾重重乃至撕破脸的不在少数。其原因主要有：（1）变革的压力。风投资本介入，最终目的是通过企业的成长实现资本的增值，因此企业变革是其中必不可少的一步棋。另外，团队的调整、架构的重组，都会给创业者和企业带来冲击。（2）目标冲突。风投公司和创业企业的目标、愿景不可能完全一致，有时候矛盾甚至会激化。

投资者一旦投资，一定会给创始人戴上三副"手铐"和一个

"紧箍"：（1）业绩对赌。达不到投资前既定的经营目标，股权要被投资者稀释；或资本退出，创业者要向投资者支付一笔不菲的利息。（2）股份锁定。投资者通常会要求创始人把股份锁定，需要 3～4 年才能逐步兑现，如果创始人提前离开公司，尚未兑现的股份就被公司收回。（3）商业竞争。如果创始人和投资人合不来，执意要走人，股份也不要了，但是投资前签署的竞业禁止协议也不允许创始人去做类似的、竞争性的业务。（4）董事会席位和保护性条款。投资者通过要求获得对应的董事席位或投票权实现对初创公司经营上的监督和决策上的控制。

　　戴上"手铐"和"紧箍"的创始人或创始团队，就只有华山一条路了。所以，找风险投资公司融资是一件"请神容易送神难"的事，创业者在决定找风险投资之前，要先了解风投资本的需求，还要对照镜子审视自己，掂量自己能不能做到万里挑一，满足投资者的胃口。

　　因此，在选择风投资本的时候，创业者一定要考虑是否能承受投资者的压力。风险投资家的工作是给出资人创造回报，要实现这个目标，他们就要去发掘可以成为摇钱树或羚羊的企业。所以，对于一些有出色技术和稳定团队的公司，创业者不要轻易接受风险资本投资者的资本。假如公司只需要很少的资金就可以起步、成长，或者由于产品的特性、面临的竞争、商业模式的限制、市场容量的限制等因素，被并购是一个更可行的出路的话，那么远离投资者，找周围的朋友筹一点钱是更好的选择。

　　此时，寻找投资天使是一个不错的融资渠道。天使投资是自由投资者或非正式投资机构，对处于构思状态的原创项目或小型初创企业进行的一次性前期投资。天使投资人一般是创业者的朋友、亲戚或商业伙伴，由于他们对创业者的能力和创意深信不疑,因而愿意在业务远未开展之前就向创业者投入资金。

接下来,简单介绍一下向投资者融资的一般流程和步骤:首先,创业者要确定目标投资者。投资人特别是风投资本也有自己关注的专业或聚焦的投资领域,并不是什么行业都投的,所以创业者要经过事先调研,找出对自己的项目有兴趣且有能力投资的投资者。

其次,创业者要准备融资资料,即所谓的"商业计划书"、路演的 PPT 和一些法律文件等。提醒一下年轻的创业者,以前靠一个吸引眼球的创意和一份制作精美的商业计划书就能得到风投资本的青睐,就能拿到风投资本的时代已经过去,当下,投资者更看重的是创业团队的素质和项目落地实施后的现实意义。

一份完整的商业计划书主要由这几部分构成:公司(创业团队)简介;产品或服务介绍;产业环境分析;目标市场和客户;营销策略;人力资源管理;生产运营管理;财务分析;风险管控等。初创企业草拟的商业计划书在涵盖公司战略、团队组成、核心优势、具体指标、行动步骤、任务及责任、项目基本数据(销售收入、销售成本、费用、资金和现金流)等重要信息之后,要尽可能简短,一般控制在 20 页之内。

制定商业计划书应重视四个关键:独到的商业模式;可拓展的市场空间;互补且优秀的创业团队;有壁垒的竞争优势(俗称企业护城河足够深足够宽)。创始人在撰写商业计划书时还要避免三个常见毛病:把行业规模和自己未来的发展前景描绘得太美好,提供的数据无法做到真实有效,或经得起推敲;回避或不愿意正视竞争对手;远远高估企业的未来收益。

接着,创业团队就要和投资者联系,给有意愿的投资者做融资路演,内容包括规模巨大的市场及行业的前景;完美的产品;独特的商业模式;诱人的财务状况及预测;梦幻团队等等。

此时,初创公司一定要挑选口才好、形象好的演讲者来做演示,事先要了解每一位投资者的喜好(他们喜欢什么形式的路演、他们关注的是公司的财务状况还是长远发展目标等),然后据此做好充分的练习和沙盘推演,排练投资者可能提问的问题,让演讲者能胸有成竹地回答投资者的各种疑问,并由此让投资者对初创公司产生信任和好感,从而增加投资初创公司的意愿。路演时要提前到投资者会议室做准备,演示的内容不要展示投资回报率,不要急着要钱,不要盲目自信,要实事求是,真诚可靠。

紧接着,就是有意愿的投资者会对初创公司做尽职调查,投资者一般会请第三方的会计师和律师介入,来调查初创企业的一些问题,包括但不限于人员、财务、业务和客户等。

尽职调查后,投资人如果是合伙企业就要召开董事会,决定是否投资。投资者如果通过决议决定投资,就会和初创公司签署一份投资协议,落实具体条款,包括对初创公司的估值、投资者投入资金所占的股比、资金到位的时间和次数、对投资回报的要求等等。

协议签署后,就等投资人按协议规定的时间将资金汇入初创公司指定账户,然后初创公司根据协议和银行的验资证明,修改公司章程,去注册地所在市场监督管理局变更营业执照。至此,一次融资的整个流程就算完成了。

综上所述,如果创业者苦寻投资者无果,而又认为自己的项目是一个好项目,不妨先把项目做起来。如果公司真的发展状况良好且市场前景光明,资本自然会闻风而动,自己找上门,行动胜于言语,这样融资成功的可能性会更大一些。这也是我创办"立明致远物流大讲堂"过程中的切身体会。

创业者融资的注意事项

融资是创业者活动的起点,是一项重要而复杂的工作。许多创业者并不是一步登天步入辉煌的,而是走过艰难曲折的创业融资过程,在这一过程中积累了经营管理经验后,才逐步进入企业经营与发展的佳境的。在这一过程中,就如同要产生氢弹爆炸的核聚变反应,首先是普通炸弹的一级爆炸产生的压力,使核裂变原料达到临界体积,发生核裂变链式反应,从而产生超出了普通炸弹爆炸当量1亿倍的爆炸威力。

因此,创业者在融资时要研究影响融资的各种要素,讲求综合经济效益并按照一定的规则进行,下面介绍一下融资的五大要求和四大方针。

1.融资必须有效、及时

融资的目的是保证创业伊始所必需的资金。无论通过什么渠道、采取什么方式来筹集资金,创业者都应预先确定合理的资金需求量,并制定融资计划,使资金的筹集量与需求量达到平衡。这样,既能避免因为资金筹集不足而影响创业工作的正常进行,又可以防止资金筹集过多而降低资金的利用率。同时,创业者融资应根据资金的投放时间来合理安排,使资金的筹集和使用在时间上互相衔接,避免超前融资造成使用前的闲置和浪费,或因滞后融资而坐失良机。

2.融资要讲效益

融资是为了满足公司创建以及经营初期资金运作的需要。创业者只有明确了这一点,安排了资金的用途以后,才能根据需要选择适当的融资渠道、融资方式以及融资数量,避免漫无目的的融资。

3.选择最优融资方式,降低资金成本

资金成本是资金使用者支付给资金所有者的报酬及有关的筹措费用,是对企业融资效益的一种预先扣除。不同渠道和方式的融资其难易程度和资金成本是不一样的。创业者在融资时要综合考虑各种融资渠道和方式,研究各种资金来源的构成情况,选择最优的融资方式,以降低资金成本,使资金的使用效率最大化。

4.适度负债经营

公司的资本结构一般由自有资本和借入资本构成。自有资本是指公司依法筹集并长期拥有、自由调配使用的资金,包括资本金、资本公积金、盈余公积金和留存利润等;借入资本是指创业者依法筹集并依约使用、按期偿还的资金,通常指短期负债和长期负债。自有资本的多少反映了公司的资金实力。

但大多数创业者不会以自有资本作为唯一的资金来源,而是通过借债来筹集部分资金即负债经营。负债经营在投资利润率高于借入资金的利息率的情况下,可以使公司的自有资本获得杠杆利益,负债比例越大,企业可获得的利益也越大,但同时,财务风险也越大。因此,创业者在筹集资金时,要科学合理地确定借入资本与自有资本的比例,优化自身的资本结构,适度地负债经营。这样既利用了负债经营的财务杠杆作用,取得高于自有资本的收益率,又降低了自身的财务风险,偿债能力也得到了保障。

5.规划融资方案,认真执行融资合同

在融资过程中,首先必须进行融资成本和投资效益的可行性研究,拟定融资方案。对融资时间应选择有利的时机,既要与用资时间相衔接,又要看资金市场的供应能力。在具体操作时,融资者与出资者应按照法定手续认真签订合同、协议或制定章程,明确各方的责任和权利。此后,必须按照融资章程、融资方案和合同规定执行,恰当支付投资者报酬,按期偿还借款和利息,这也是维护自身信誉的必要保障。

在公司创业者筹集启动资金时,必须遵循一定的财务管理方针和规律。就目前而言,所融资金的来源及其途径多种多样,融资方式也机动灵活,从而为保障融资的低成本、低风险提供了良好的条件。但是,市场竞争的激烈和融资环境以及融资条件的差异性,又给融资带来了诸多困难。因此,创业者在融资时必须坚持一定的方针,具体有以下 4 项:

1.准确预测需用资金数量及其形态方针

公司资金有短期资金与长期资金、流动资金与固定资金、自有资金与借入资金,以及其他更多的形态。不同形态的资金往往满足不同的创业和经营需要。融资需要和财务目标决定着融资数量。相关人员应周密地分析创业初期的各个环节,采取科学、合理的方法准确预测资金需要数量,确定相应的资金形态。这是融资的首要方针。

2.追求最佳成本收益比方针

创业者不论从何种渠道以何种方式筹集资金,都要付出一定的代价,也就是要支付与其相关的各种筹集费用,如支付股息、利息等使用费用。即使动用自有资金,也是以损失银行利息为代价的。资金成本是指为筹集和使用资金所支付的各种费用之和,也是公司创建初期最低收益率的底线。只有收益率大于资金成本,融资活动才能具体实施。资金成本与收益的比较,在若干融资渠道和各种融资方式条件下,应以综合平均资金成本为依据。简而言之,创业者筹集资金必须要准确地计算、分析资金成本。这是提高融资效率的基础。

3.风险最小化方针

融资过程中的风险是公司融资不可避免的一个财务问题。实际上,创业过程中的任何一项财务活动都客观地面临着一个风险与收益的权衡问题。资金可以从多种渠道利用多种方式来筹集,不同来源的资金,其使用时间的长短、附加条款的限制和资金成本的大小都不相同。这就要求创业者在筹集资金时,不仅需要从数量上满足创建和经营的需要,还要考虑到各种融资方式所带来的财务风险的大小和资金成本的高低,做出权衡,从而选择最佳融资方式。

4.争取最有利条件方针

筹集资金要做到时间及时、地域合理、渠道多样、方式机动。这是由于同等数额的资金,在不同时期和环境状况下,其时间价值和风险价值大不相同。

所以,创业者要把握融资时机,以较少费用筹集到足额资金。因此,必须研究融资渠道及其地域,战术灵活,及时调剂,相互补充,把融资与创建、开拓市场相结合,实现最佳经济效益。具体地说,融资要采用尽可能多的方式,尽可能低的资金成本,尽可能长的偿还期限,尽可能减小风险。

小本创业者融资的注意事项

在创业企业融资过程中,为了保证融资的成功率更高,小本企业创业者应当注意以下一些方面的问题:

1.只有创意还不行,还要有竞争优势

单有好的创意还不够,你还需要有独特的"竞争优势",这个优势要能保证即使整个世界都知道你有这样一个创意你也一定会赢。除了有好的创意或者某种竞争优势还不够,公司人人能创建,但你会经营吗？如果你能用不多的几句话说明上面这些问题,并激发投资商的兴趣,那么接着就可以告诉他你计划需要多少资金,希望达到什么目标。

2.不要空泛地描述市场规模

有些小本创业者经常犯的错误是对于市场规模的描述太过空泛,或者没有任何依据就声称自己将占有非常大的市场份额,这样并不能让投资者信服。

3.先吸引投资者的注意力

也许你会在公共场合偶然遇到一位投资者,也许投资者根本不想看长长的商业计划书,你只有几十秒钟的时间吸引投资者的注意力。当他的兴趣被你激发起来,问起你公司的经营队伍、技术、市场份额、竞争对手、金融情况等问题时,你必须准备好了简洁的答案。

4.与投资者讲价钱

投资者对创业企业的报价往往类似于升价拍卖,如果投资者真的很看好这家企业,他会提高对企业的作价,到双方达成一致意见为止。同时,创业企业在融资时的报价行为类似于降价拍卖,刚开始时自视甚高,期望不切实际的高价,随着时间的推移,企业资金越来越吃紧,而投资者的投资意向却一直确定不下来时,创业者的锐气会逐渐被磨钝,直至最后接受现实的出价。

5.强调竞争对手

有些小本创业者为了强调企业的独特性和独占优势,故意不提著名的竞争对手,或者强调竞争对手很少或者很弱。事实上,有成功的竞争对手存在正说明产品的市场潜力,而且对于创业投资公司来说,有强势同行正好是将来新创企业被收购套现的潜在机会。

6.合理预测

预测的一个常见错误是先估算整个市场容量,然后说自己的企业将获得多少份额,据此算出期望的销售额。另一个值得怀疑的方法是先预计每年销售额的增长幅度,据此推算今后若干年的销售额。

类似这种过于乐观的估计会令人感到可笑。例如有人这样估计营业额:我发明了一种新鞋垫,假设全国人民每人每年买两双,那么市场容量有 26 亿双,我们只要获得这个市场的一半就不得了了。

比较实在可信的方法是计划投入多少资源,调查面向的市场有多少潜在客户,有哪些竞争产品,然后根据潜在客户成为真正用户的可能性和单位资源投入量所能够产生的销售额,最后作出销售预测。

7.关于先入优势

需要注意的是,先入者并不能保证长久的优势,如果你强调先入优势,必须能够讲清楚为什么先入是一种优势,是不是先入者能够有效地阻碍跟进者,或者这种产品的用户不会轻易更换供应商。

8.注重市场而不是技术水平

许多新兴企业,尤其是高科技企业的创业者是工程师或科学家出身。由于其专业背景和工作经历,他们对技术的高、精、尖十分感兴趣,但是投资人关注的是技术或产品的赢利能力,产品必须是市场所需要的。所以,让发明人当创业者是件风险很大的冒险之旅,因为他爱的是他的发明,而不是这项发明能解决什么社会问题。一旦产品或服务遇到问题,他想到的不是最好的解决方案,而是不管如何,我就是要将我的发明推广到世界的每一个角落,即便撞了南墙也不回头。

技术的先进性当然是重要的,但只有能向投资者说明该技术有极大的市场或极大的市场潜力时他才会投资。很多很有创意的产品没能获得推广,其中的原因是发明人没有充分考察客户真正需要什么,没有选准目标市场或者做好市场推广。投资者是商人,他们的投资目的不是因为你的产品很先进,而是因为你的企业能赚钱。

本章总结

1.对于创业者来说,能否快速、高效地筹集到启动资金是创业企业站稳脚跟的关键,而取得融资的渠道大约有:自有资金、民间资本、银行贷款、股权融资、风险投资等。

2.风险资本可以给创业者带来一些帮助,但同时也会让创业者戴上"手铐"和"紧箍",因此,一些有出色技术和稳定团队的公司,不要轻易接受投资者的资本。假如公司只需要很少的资金就可以起步、成长,或者由于产品的特性、面临的竞争、商业模式的限制、市场容量的限制等因素,被并购是一个更可行的出路的话,那么远离投资者,找周围的朋友筹一点钱是更好的选择。

3.创业者融资要注意五大要求、四大方针和八大注意事项,才能让自己既借助资本的力量腾飞,又能规避风险,实现创业的愿景和目标。

§ 第六章 §

领导力的修炼

👁 案例导入

　　亚马逊的文化非常独特，开会时甚至不允许用 PPT，还要求会议的发起人事先准备一份打印出来不超过 6 页 A4 纸的材料。这份材料不能有废话，必须清晰地描述问题本身和解决方案，要有大量的图表、数据和分析。会议一开始的 5~10 分钟内，全场鸦雀无声，大家都在埋头看资料。大家看完后，若无问题则按提议者的建议推动会议议程，若有问题再讨论。

　　亚马逊这种沟通方式的优点有：第一，对会议发起人的要求非常高，会议发起人必须亲自写材料、准备数据、进行分析，要深思熟虑；第二，材料必须完整，不能像 PPT 那样由于追求简练而失去细节内容，在多年后仍能明晰其原意并能将其作为决策的依据；第三，材料中的数据和事实必须充分、简洁，以便会议参与者能够进行高效决策。

（摘自于刚.2018.激情创业［M］.北京：中信出版社.）

过程管理

前面五章,我们讨论了初创公司的规划环节,接下来,我们将从过程管理、绩效考核、人才盘点、自我提升和企业文化建设几个方面探讨领导力的修炼。

管理学里,有一个非常重要的词——PDCA。它是由美国质量管理专家休哈特博士首先提出的,由戴明采纳、宣传,获得普及,所以又称戴明环。全面质量管理的思想基础和方法依据就是 PDCA 循环。PDCA 循环的含义是将质量管理分为四个阶段,即计划(plan)、执行(do)、检查(check)、处理(act)(如图6-1 所示)。在质量管理活动中,要求把各项工作按照做出计划、计划实施、检查实施效果,然后将成功的纳入标准,不成功的留待下一循环去解决的四大板块来布置,这一工作方法,就是质量管理的基本方法,也是企业管理各项工作的一般规律。

图 6-1　PDCA 循环工作法

131 · 第六章 领导力的修炼

实现 PDCA 有八个步骤和四种方法。八个步骤分别是：第一步，找出问题。分析现状，找出存在的问题，包括产品（服务）质量问题及管理中存在的问题。尽可能用数据说明，并确定需要改进的主要问题。第二步，分析原因。分析产生问题的各种影响因素，尽可能将这些因素都罗列出来。第三步，确定主因。找出影响质量的主要因素。第四步，制定措施。针对影响质量的主要因素制定措施，提出改进计划，并预计其效果。这四步是属于 P——计划阶段。

第五步，执行计划。按既定的计划实施，也就是 D——执行阶段。第六步，检查效果。根据计划要求，检查、验证实际执行的结果，看是否达到了预期的效果，也就是 C——检查阶段。第七步，纳入标准。根据检查的结果进行总结，把成功的经验和失败的教训都纳入有关标准、规程、制度之中，巩固已经取得的成绩。第八步，遗留问题。根据检查的结果提出这一循环尚未解决的问题，分析因质量改进造成的新问题，把它们转到下一次 PDCA 循环的第一步去。

PDCA 的四个使用方法：

1、P 计划阶段。找出存在的问题，通过分析制定改进的目标，确定达到这些目标的具体措施和方法。

2、D 执行阶段。按照计划要求去做，以实现质量改进的目标。

3、C 检查阶段。对照计划要求，检查、验证执行的效果，及时发现改进过程中的经验及问题。

4、A 处理阶段。对成功的经验加以肯定，制定成标准、程序、制度（失败的教训也可纳入相应的标准、程序、制度），巩固成绩，克服缺点。

公司的执行力层面（全面质量管理）建设要从过程管理开

始,目的是通过过程管理,实现组织想要的结果——既定目标和规划。而过程管理中沟通和开好高效的会议是其中两个重要的环节。

沟通是指两人或多人之间语言及非语言信息的传递和接收。包括输出者、接收者、信息、渠道四个主要因素。沟通三大原则:要有明确的目标;要达成共识(心服口服);注意维护安全感,让对方毫无心理压力。

有效的沟通体现为清晰的表达,认真的倾听,积极的反馈,赢得对方的尊重和合作,实现平等对话,友好协商。沟通中要注意的禁忌:给对方贴负面的标签;忽视对方的感受;用威胁的口气说话;和别人攀比;奖惩式的沟通;使用挖苦、嘲笑、抱怨、愤怒的语气等。

我们都知道倾听是最佳的沟通技巧,但这个倾听不是被动地听,善于倾听的人可以将对方表达出来的以及未表达出来的信息尽可能多地接收,提升双方的沟通效率,建立彼此之间的信任感,为彼此之间的合作打下坚实的基础。所以,我们要通过给予对方积极的回应,复述对方的重要观点以确认理解;采用情感表述的方法以显示同理心来做一个积极的聆听者。

同事之间沟通要克服一些不理性的态度:(1)出事情时无条件地推卸责任,将所有困难全部解释为由你力所不能及的因素造成,自己是无辜的甚至还是受害者;(2)本性的自私,只关心自我满足,不顾他人利益,认为别人只是工具,唯一的作用就是为自己服务;(3)本性的傲慢,认为唯一正确的就是自己所持的观点,自己的观点是理解某种情况的唯一正道,目的就是让所有人都屈从于自己的观点。

人的天性是保护自己,所以领导者、管理者在与团队沟通时一定要注意不要和员工的情绪对立,特别是在和员工做负面反馈的时候。一个优秀的管理者在与员工做负面反馈时，通常会采用"三明治式"反馈模式，即第一层，先表扬员工平时工作做得不错；第二层，指出员工在现阶段工作中存在的问题；第三层，告诉员工改进后会实现的成就。管理者通过负面反馈能够让员工清楚地认识到自己在工作中存在的问题，帮助他们改正错误，以便完成团队的目标，所以负面反馈应把握的原则是：及时；对事不对人；尽量避免用主观色彩明显的词汇，比如"你总是……""你从不……"；真诚；如果不是特大错误，最好在私密的环境下进行等等。所谓有效沟通的前提是认同对方的情绪，如果处理不好情绪问题，任何沟通技巧都没有办法起作用。

要做到有效沟通的挑战在于：尊重双方的价值观；深化双方的关系；改善组织的业绩；带着诚意分享宝贵的信息。所以创业者必须要求团队成员体现出无条件的责任感、本性的正直和本性的谦虚。建议大家使用长颈鹿式的沟通方式来破解公司内部的沟通困境，即：心大，遇事不计较；反应慢，从不觉得什么事会对自己有伤害；站得高看得远，着眼于建设面向未来的合作关系，不会对眼前的小事斤斤计较。具体表现为：跟同事之间沟通不带评论的观察、表达真实的感受、提出具体可执行的请求。

就此，樊登在《可复制的沟通力》(2020)一书中推荐使用美国人布鲁斯.图尔甘提出的 FAST 管理沟通方法：F＝frequency 频率，针对不同的人，沟通要讲究不同的频率，新人加入时，要先紧后松；一般的员工反馈最少要保持一个月一次面对面的沟通。A＝accurate 准确，沟通要用准确的数据和信息。S＝specific 具体，沟通一定要明确具体，让对方明白清楚，减少歧义和误会，也不要让对方猜测。T＝timely 时效，告诉对方你的要求的时限和轻重缓急。

创业者一定要意识到与创业团队保持一定频率的良好沟通具有非常重要的意义:(1)能让团队成员明确组织的愿景、使命、价值观、战略和中短期目标,让成员的价值观尽可能与组织保持一致;(2)让员工了解公司的规章制度,明确工作的规范和标准;(3)帮成员发现平凡工作的意义,明白做事的价值,当员工或团队有所成就时,应立即且明确地给予肯定和赞美以激发他们的热情、积极性、主动性和创造性,为组织创造价值;(4)积极反馈员工工作的得失,帮助员工取长补短,获得成长,并做好职业生涯规划。

讨论完沟通的概念和技巧,我们再来讨论过程管理的另一重要环节:怎么开一个有效的会议。创业者可能都会意识到开会对公司日常管理的重要性,但又苦恼于每天被各种沉闷、低效、毫无意义的文山会海消耗了不少时间而无法专注做自己认为重要的工作。创业者应该明白会议是从事管理工作必需的媒介,虽然无法避免开会,但能让会议更有效率。那怎样才能将会议变得高效且有成果,成为公司管理的有力手段呢?

有种分类方法将会议分为程序型会议、任务型会议和寻求创意的头脑风暴三种。程序型会议主要作用是教育训练、知识技能及信息交流,它按会议内容又分为:

1.与部属的一对一会议

它的主要目的在于互通信息以及彼此学习。经过特定事项的讨论,上级可以将技能及经验传授给下属,并同时建议他解决问题的方式;而下属也能就工作中碰到的问题向上级汇报与探讨。据调查,下属是非常期待至少每季度可以和自己的直接上司进行一次一对一的面谈的。此时,应该由下属负责准备一对一会议纲要,地点可以在咖啡厅或他的办公室,最好不要在上级的办公室,这样能让下属比较轻松自然地表达他的内心所思所想。时间至少要开 1 小时。会后有会议记录,包括会谈中达成的共识、下属的建议、你的意见及下次会议要讨论的议题等,以便下次跟踪。通过一对一会议,上级能和直接下属建立密切的关系,加深对下属的了解并得到很多意想不到的信息和情报,以帮助下属很好地改善和提高工作绩效,达成上级想要的目标。

2.部门会议

参会人员包括部门经理及其下属,例如业务例会,可以利用每天上午上班后短暂的十五至三十分钟,也可以是每周一次下班前的一个小时。它为同事们之间提供一个互相交流、分享信息的机会,同时也是合理分配任务、检讨成败得失的好机会。部门会议一般要预设议题并留有开放的、让与会者发言讨论的时间。通过部门会议,上级可以了解下属每天、每周的工作情况,外部的市场信息并增进下属间的互动,这是做好公司管理工作的关键手段之一。

为了锻炼公司骨干主持会议的能力以及提升大家参与会议的积极性,建议公司(部门)例会由几位骨干轮流主持,或者由提案的项目负责人主持。创始人(CEO)在例会中尽量不发言或最后一个发言,以免影响大家畅所欲言的积极性,达不到会议的效果。

3.运营总结会议

这个会议应该由创业者主持,骨干员工共同参与,一般是每月、每季、每半年、每一年各举办一次,主要是总结过去一段时期各自的工作绩效,检讨是否达成预订的目标?达成的动力是什么?没有达成的原因是什么?如何补救以便完成或超额完成各自的目标承诺?

总结会应由大家一起来检讨各自的行动是否符合公司的

文化、愿景、使命和价值观，并在会上一起探讨如何用创新来保持公司可持续发展的优势和活力。最后，与会者还要针对公司或部门下一阶段的工作制定计划和目标，并达成一致的认识。

主持人是开好例会的灵魂人物，是负责控制会议进度和化解纷争的协调人，应要求报告人不要照本宣科地读事先提交的书面报告，并就下属的汇报提出问题和意见，同时针对处理事情的方法指导下属。主持人要鼓励与会人员参与讨论，并以身作则地带动自由讨论。

为了开一个高效的会议，创业者一定要向团队成员强调，会议不是拿来讨论问题的，会议必须解决问题，一定不能"会而不议，议而不决"，所以每个会议必须要有一个很明确的主题，而且所有围绕这个主题的资料要提前准备，提前分发给与会人员阅读，开会只是为了制定行动方案来达成共识。此外，必须明确会场纪律，确定会议开始和结束的时间。每个人发言的时间，除了经营总结会和战略研讨会，日常会议不要超过1个小时，而且一定要有决议，并做会议纪要以留待下次会议检讨。议事不议人是开好例会的重要原则。

任务型会议是为了达成特定目的、按需要随时召开的，在会议中必须要做出某些决定。它又分为：（1）计划型。讨论预算、指标、竞标、项目等。（2）应急型。处理突发事件等。这类会议的特点是：按需随时召开；人数不超过7人；不容旁观者。

任务型会议成功与否的关键在于会议主席，所以为了在会议上能做出决策，主席在开计划型会议时一定要开会前会，让参会者都了解开会的目的，以便与会者能够充分发表各自的看法，也有助于建立与参会者的信任和互动；事先争取有发言权、有影响力的更高层（比如董事、股东等）的支持，避免出现意外；尽量要有结论，并预定下次会议的时间来检讨实施情况；一定要有会议纪要和事后跟踪。

对于因公司突发事件而召开的应急型会议，主持人一定要能高效并快速地做出决定。会议记录尽可能让看的人知道有什么事该做、由谁负责去做以及什么时候去做，并将会议记录以最快的速度送到与会人员的手中。但请记住：如果创始人将超过25％的工作时间用在应急会议上，那这个公司就一定出问题了！

总之，会议失败的原因一般有两个：一是主持人没有事先设定清晰的主题和议程；二是其他与会者都有各自的议程，因而无法达成统一。所以，明确每个会议的目的，理好会议纲要并做好会前准备是开好每个有效会议的前提保证。

头脑风暴法

在初创公司，由于各项工作都在摸索之中，创始人和经营团队需要经常在一起通过头脑风暴的方式为公司发展寻找创意和金点子。头脑风暴法（brainstorming）是现代创造学的创始人、美国学者阿历克斯·奥斯本于 1938 年首次提出的，brainstorming 原指精神病患者头脑中短时间出现的思维紊乱现象，病人会产生大量的胡思乱想。奥斯本借用这个概念来比喻思维高度活跃、打破常规的思维方式而产生大量创造性设想的状况。

头脑风暴的特点是让与会者敞开思想，使各种设想在相互碰撞中激起脑海的创造性风暴。其可分为直接头脑风暴法和质疑头脑风暴法。前者是在专家群体决策基础上尽可能激发创造性，产生尽可能多的设想的方法；后者则是对前者提出的设想、方案逐一质疑,发行其现实可行性的方法。这是一种集体开发创造性思维的方法。头脑风暴法力图通过一定的讨论程序与规则来保证创造性讨论的有效性。

头脑风暴法的组织形式一般不超过 15 人,最好由不同专业或不同岗位的人员参加,并有一个局外人参与以带来新的视角和方案;会议前要明确主题,让与会者事先做准备;会议时间控制在 1 小时左右;设主持人一名,只主持会议,设记录员一名,他们对参会者提出的创意不做评论。

开头脑风暴会议的四个原则为:自由奔放的思考;会后评判;以量求质;见解无专利。崇尚创造力并且激发他人的创造能力是领导人特别是创始人应当具备的关键技能,在安全的环境里,卓越的思想会涌现出来,所以在头脑风暴过程中,与会者只能说:"是的,而且……",不能说:"是的,但是……"。会中,主持人要提一些能激发创造力的问题:"这种想法的不同之处在哪里?""我们怎么利用它想出更好的方法?""还有没有其他的可能?"领导者和主持人要营造一种人人乐于奉献的氛围,使同事更有积极性参与类似的活动。

开好头脑风暴会议的要点是以一颗宽容的心容纳一切天马行空的想法,尊重所有成员的意见;让所有成员能从中获得参与感,以便收集更多更好的想法。会议主持人负责维护会场秩序,首先明确本次会议讨论的具体问题,要求与会者不要急着发言,先对问题构思,然后把想法写下来。主持人应让每个人至少有两分钟的陈述机会,有人发言时别人不能打断,且当事人陈述后其他人只能表示肯定,否定意见暂时保留。

遵循以上原则和要点,加上时间的有效控制,可以保障成员在过程中快速运转大脑,不假思索、毫无顾虑地说出设想,使气氛保持活跃,设想和创意不断涌出,这就是一个成功的头脑风暴会议。

绩效考核

绩效考核(performance appraisal ,PA)又称绩效考评、绩效评估或绩效评价,是指考评主体按照一定的标准,对照岗位职责中设置的工作目标或绩效目标,采用科学的考评方法,评定员工的工作任务完成情况、员工的工作职责履行程度和员工的发展情况,并且将评定结果反馈给员工的过程。(余泽忠,2016)进入 21 世纪,绩效考核在企业生产经营过程中的重要作用日益凸显,它已成为保障并促进企业内部管理机制有序运转、实现企业各项经营管理目标所必需的一种管理行为,同时它也是一种激励措施。没有高水平的绩效考核,人力资源管理中的工资发放、员工培训、岗位分析、人员调配等方面的职能工作就缺乏针对性,也无法合理、科学地开展。

绩效考核的目标是通过持续的、动态的、双向的沟通,最终激励员工更积极主动、更努力地工作,从而实现企业目标,提高企业经济效益,帮助员工改进工作,促进员工自身发展。但由于考核者和被考核者对考核目的的认知不同,考核者关心的是如何利用绩效考核实现自己或团体的目标,被考核者关心的是如何得到好的评分,如何通过绩效考核得到更多的利益。这两者在一定程度上是矛盾的,如果没有双方共同认可的标准和制度、考核方式方法不当,没有及时反馈或辅导,绩效考核往往会引发企业内部各种纠纷,降低企业经营管理的效率,打击员工的积极性,引起员工的抵触情绪,破坏企业的和谐和团结。这也是一些中小企业领导者特别是创业者一直感到头疼的尖锐问题。

所以绩效考核一定要秉承客观公正、注重实效、差别明显、明确公开、多方位考核、科学简便、及时反馈、阶段性和连续性相结合、可信和准确的原则，并且用合格的考核者来执行考核任务。

在考核绩效时，经常会出现如下问题：晕轮效应（以偏概全）、平均倾向（居中趋势）、评价标准掌握过宽或过严、成见效应、对照误差、考核者心理压力误差、绩效考核指标理解误差等。由于绩效考核的各种影响因素难以完全消除，所以为了减少绩效考核中的误差，提高绩效考核过程和结果的正确性，领导者可以采取的应对措施有：制定明晰、客观的考核标准；运用正确的考核方法；选择合适的考核人员和考核时间；培训考核者和被考核者；公开考核过程和考核结果，并设置考核申诉程序；做好反馈和总结过程。而设置客观、合理又有挑战性的绩效考核指标是首当其冲的关键，要遵循"SMART"原则来制定，它必须是明确具体的（specific）、可衡量的（measurable）、行为导向的（action-oriented）、切实可行的（realistic）、有时间和资源限制的（time and resource constrained）。

接下来，我们介绍绩效考核的几种主要方法：

1.个人评估方法

这主要是员工对日常表现的自我鉴定和管理者对此所做的反馈，一般以工作报告或工作总结的形式体现，分为月度、季度、年度三种。我多年以来都会要求部属至少每年写一次年度工作总结，员工在写自我鉴定的时候要包含以下内容：一是对自己过去一段时间表现的评价，并分析原因，其中有没有对公司有突出贡献或造成损失的关键事件？二是对下一阶段工作的规划以及需要上级或组织提供的帮助。三是对自己明年甚至未来的职业生涯有什么规划，需要主管给予哪方面的辅导或帮助？四是对公司的建设有什么合理化的建议？我严格要求该员工的直接上司要认真对待员工鉴定的反馈，一定要一对一面谈，而且要写下自己的意见和建议并由面谈的下属签字认可。我一定会直接与我直辖的主管面谈并在时间允许的条件下尽可能多地抽查基层员工的自我鉴定报告。（见表6-1）

表6-1 绩效面谈——部门主管绩效面谈表

主管绩效面谈事项	主管准备、填写内容	
1.绩效面谈前准备资料	主管目标责任书、员工绩效协议书及自评表、本表	
2.列举部门本月（季度/年度）工作任务完成情况 注:1)根据主管目标责任书,说明部门工作任务完成情况; 2)完成工作任务与否的原因分析 3)参与人员及其表现	例:部门完成2019年第三季度部门业绩指标的原因分析及各位同事(包括被考评者)的表现	
3.请列举员工期间绩效完成突出之处及其理由	例:绩效完成突出之处,如克服了中美贸易摩擦的影响,积极开拓新市场,寻找新商机,争取了哪些新客户	
4.请列举考评者的评价与员工的自评有何不同之处并说明原因	例:员工在遵守公司规章制度方面给自己打满分,但据人事考勤本月迟到两次,应扣分	
5.您认为员工期间的工作短板是什么,根据这些短板,需要采取哪些行动步骤以改善及达成期限?	例:一些物流专业知识(如危险品、冷链物流、大件物流等)亟须加强。马上安排参加立明致远物流大讲堂的相关培训课程,希望用三个月的时间强化该员工专业知识,提高其基本素质以拓展业务范围	
6.本考评期间员工的哪些行为表现(或能力方面)让您觉得满意或不满意,希望其如何提升?	例: 满意:协作配合意识较强,肯吃苦耐劳,学习欲望较强; 不满意:工作主动性有待加强; 提升:加强时间管理能力和团队管理知识的学习,以让自己成长为公司储备干部	
7.绩效成绩确认	例:88分	
8.双方签字:	员工签名:	主管签名: 时间:

2.目标管理法（management by objectives）

"目标管理"的概念是世界管理大师彼得·德鲁克于1954年在其名著《管理实践》中最先提出的，其后他又提出了"目标管理和自我控制"的主张。德鲁克认为，并不是有了工作才有目标，而是相反，有了目标才能确定每个人的工作，所以企业的使命和任务必须转化为目标，如果一个领域没有目标，这个领域的工作必然被忽视，因此，管理者必须通过目标对下级进行管理。企业管理说穿了就是目标管理。

目标是在一定时期内对组织、部门及个人活动成果的期望，是组织使命在一定时期内的具体化，是衡量组织、部门及个体活动有效性的标准。对于个人来说，是内心坚不可摧的精神支柱；对于企业来说，是推动企业发展的最大驱动力。

层级不同，目标也不同。领导层制定的是整个公司奋斗的方向性目标，一般比较模糊，但又能鼓舞人心；中层管理者制定的是过程性目标，它将公司方向性目标正确拆分成有效的、团队近期可以达到的目标；基层管理者制定的是理性清晰的、分配给每个成员的具体目标。

目标管理法是目前国内外企业进行绩效考核时最常见的方法之一，它是组织中的上级和下级一起协商，根据组织的使命、愿景和战略确定一定时期内组织的总目标，由此决定上下级的责任和分目标，并把这些目标作为组织评估和评价每个部门和个人绩效产出对组织贡献的标准。

企业用目标管理进行绩效考核时常见四个难题。一是由于很多企业制定目标是自上而下的，领导者或管理者基于各种因素不顾客观条件而强行摊派或闭门造车，成员只能被动性接受，因此参与度不高，执行积极性不高。解决之道是要避免目标由领导层"拍脑袋"或管理层迫于压力"拍胸脯"而设置,应让每个成员都参与进来,最好是自下而上,经双方充分协调后达成共识,这样制定的目标具有可实现性又有挑战性。二是缺乏实现目标所必需的资源。因此管理者要用突破性思维方式去为企业或部门创造资源、寻找解决问题的办法,而不是双手一摊向上级说"巧妇难为无米之炊"。一个优秀的管理者一定是善于运用自己的所有资源,为组织创造最大效益并帮助员工取得成功的。三是目标拆分不合理。尽管目标应该是富有挑战性的,但它又必须是具体的、可衡量和可实现的;如果拆分不合理,过低会造成资源浪费使组织蒙受损失,过高会让员工倍受打击,丧失信心,严重者会使员工破罐破摔直接放弃,导致目标管理失败。管理者解决这一难题的正确做法就是保证团队成员的工作目标在其合同期内与公司总目标的方向是一致的,然后根据工作性质和成员的实际能力将总目标拆分为成员能够接受的个人绩效目标。四是组织的目标总是在变化。虽然新形势下,企业经营存在着不确定性是常态,有时确实需要顺应形势、环境和政策等因素的变化对组织的总目标进行修正和调整,但领导者与管理者应注意尽量不要改变短期目标,特别不要朝令夕改,否则会导致员工无所适从而迷失方向。

3.平衡计分法——BSC(balanced scorecard)

20世纪90年代,欧美很多学者和国际化公司发现,传统的以财务为单一衡量指标评价企业经营绩效的方法是妨碍企业进步的主要原因之一,因此兴起了对平衡财务和非财务指标的综合绩效评估方法的研究,其中诞生了卡普兰和诺顿共同开发的名为"平衡计分法"的绩效考核办法。它是基于平衡财务和非财务指标的综合绩效评估方法,包括以顾客角度、内部流程角度、学习与发展角度和财务角度相对应的指标及指标体系。被

《哈佛商业评论》评为 75 年来最具影响力的管理工具之一。

以平衡计分法为基础建立企业的绩效考核体系,一般需要以下四个基本程序。(详见图 6-2)

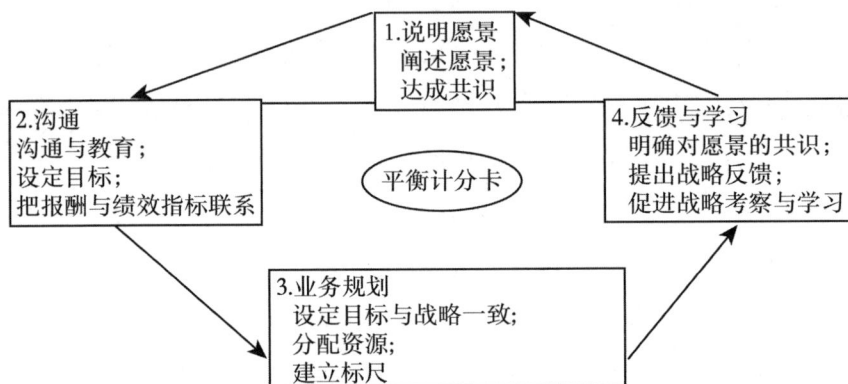

图 6-2 平衡计分法的四个基本程序

虽然对于企业的战略发展,平衡计分法是一项非常有用的管理工具,但它是一个非常复杂的系统,在实施中会有如下困难:一是某些维度指标难以创建和量化;二是不易明确企业组织业绩成果与驱动因素间的关系;三是实施平衡计分法的高额成本让某些企业特别是新创企业得不偿失。

总结国内外一些企业实施平衡计分法的成功与失败经验,一般而言,它对如下企业的帮助是较大的:缺乏有效的员工绩效管理系统;在对分公司业绩管理方面存在诸多问题,如虚假盈利、短期行为等;希望实现突破性业绩;需要规范化管理,提高整体管理水平;二次创业的民营企业;希望对市场有更快的反应速度……

4.关键绩效指标法——KPI(key performance indicator)

KPI 是用于考核或管理被考核者绩效的可量化或可行为化的标准体系,通过在关键绩效指标上达成承诺,员工与管理者可以就工作期望、工作表现、未来发展进行良好沟通。维基百科对 KPI 的解释是"KPI 是一种绩效度量,KPI 评估一个组织的成功或组织所从事的特定活动的成功"。所以执行 KPI 的意义在于,便于企业建立责任成果导向的企业管理体系,落实企业战略目标与管理重点,强化企业整体与核心竞争力;通过关键绩效指标的引导,让个人、部门、组织的目标一致,保证长远发展;可以传送市场压力,使工作聚焦、责任到位、成果明确;通过关键绩效指标让不同领域的员工合作;建立激励与约束结合的管理系统,为企业价值评价与价值分配建立依据。

那么关键绩效指标是如何产生的呢?一般根据 SMART 原则(即具体明确的,可衡量的,切实可行的,行为导向的,时间、资源有限制的),由专家、管理者和员工集体讨论产生,由分公司 KPI、部门 KPI 和员工绩效标准等构成。主要有数量、质量、成本和时限四种类型。要针对不同的绩效考核指标设定相应的考核标准,比如指标从哪些方面来设置?考核什么?而标准是指要达到的程度,包括基本标准与卓越标准,最后还要对绩效标准进行追踪。(如图 6-3 所示)

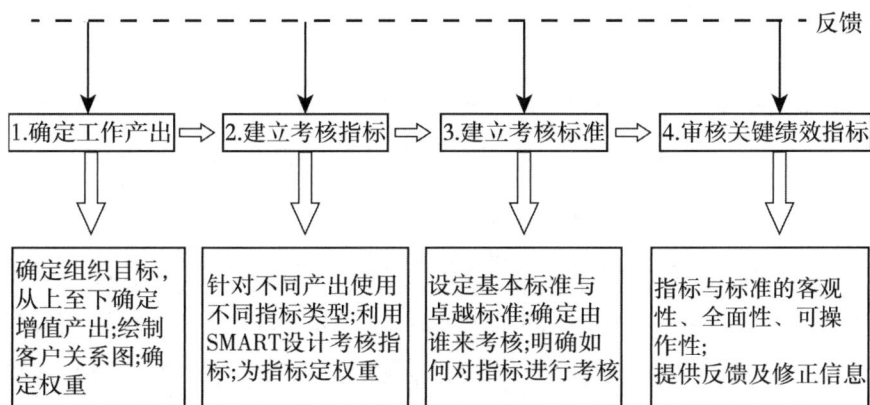

图 6-3　关键绩效考核程序

关键绩效指标与其他几种绩效考核办法的对比优势是：考核指标较少；考核指标目标值递进；考核指标是动态的；考核指标是关键的；考核指标具有可控性与可管理性；目标明确，有利于公司战略目标的实现；提出了客户价值理念，有利于组织利益与个人利益达成一致等等。但这种考核模式也饱受批评，有人认为其遏制了创造力，催生了投机行为、本位主义、团队倾轧等恶果；沟通不畅导致公司目标扭曲，员工失去工作焦点；太复杂不好落地实施；流于形式等。因此设计和选择科学、合理的KPI指标应遵循以下原则：

（1）指标应控制在 4～7 个范围内，切忌面面俱到、指标过多，以致部门及个人的工作重点难以突出。

（2）关注于与企业总体目标的一致性，且部门和员工有能力完成的绩效。

（3）指标应与职能相匹配且拆分合理。

（4）KPI 不能只与薪酬直接挂钩，还应该与组织绩效和活动绩效相关联。

5.目标与关键成果法——OKR（objectives and key results）

OKR 是英特尔公司在 21 世纪发明的，用以解决目标聚焦与提高执行效率的工具。科技企业很大程度上依赖于研发人员的发散性创新，同时也在很大程度上难以形成对目标的聚焦和成本的约束以及保证执行的效率。OKR 的最大用处在于通过识别目标（O）和关键结果（KR），持续对齐，频繁刷新，从而在当今竞争日益激烈的商业环境中，让企业的目标与部门级的目标，以及团队级甚至个人的目标保持对齐，并使行动更加敏捷，与环境保持适配，从而提升企业的经营业绩。英特尔的成就有目共睹，这很大程度上来源于 OKR 及其背后的目标管理哲学理念。因此,OKR很快被包括GOOGLE在内的硅谷公司所认可并推广。

OKR的本质也是目标管理,是沟通和员工自我管理的工具,是MBO的升级版,核心思想是放弃命令驱动的管理,拥抱目标驱动的管理。组织中的每一个员工清晰地了解公司的发展目标,知道前进的方向在哪里,并在这个过程中明确自己的位置,贡献自己力所能及的一份力量。它有三个特质:(1)就关键成果及任务与经理沟通后,员工自己确定目标且不与绩效挂钩;(2)设立的目标要有挑战性,所以达成率不要求高,只要方向正确、有进步即可;(3)强调全员、透明,以季度为周期进行评审。OKR的目的是更有效地完成目标任务,并且依据项目进展来考核绩效。

OKR的自定原则有利于发挥员工积极性,而且OKR不过度强调结果而强调目标的实现,这让工作更加灵活且更利于创新。但正是由于OKR的这些原则和特质,它需要有高度责任心和重视贡献的员工,需要更勤勉的管理者。一般比较适合拥有高素质人才的高科技公司使用。

OKR与KPI的不同之处在于:OKR的关键结果不一定指标化;员工的薪酬与OKR的得分不直接相关;OKR可以选择合适的层面和合适的步骤来实施推进,可以是整个组织,既包括公司层面,也包括事业部、团队和个人;也可以不那么贪大求全,首先选择事业部和团队层面,由部分团队先行尝试,甚至不必分解到员工层面,这是一种务实的选择。任何一项改革和创新一定会遇到很多阻力,首先一定要取得来自核心高管的坚定支持,然后在小范围先试验,取得成果和经验后再进一步推广到整个组织,这对于组织顺利过渡、培养人才、积累经验、消化阻力、争取员工支持很有用处。

综上所述,创业者应该很清晰地认识到,企业管理是一个庞大的系统工程,人力资源管理只是其中的一个分支,而绩效管理和薪酬管理是属于这个分支的两个分叉,所以很难简单地用一种办法做好企业绩效考核工作,而应该针对不同的岗位设计不同的考核办法。例如,对以结果为导向的岗位,如业务、销售、客户服务等,应以 KPI 模式来设计,把营业收入、毛利、净利、增长率、客户投诉率等关键性指标量化、简单明了地列入考核标准;对于以过程为导向、难于量化的基础管理或后勤保障岗位,如财务、行政、人事等,应以目标设置(goal setting,GS)模式来设计考核标准,例如根据企业目标来设定的制度设置、员工培训、后勤保障等工作指标,一般以时间、数量、质量等方面的文字来做定性描述。

正如世界管理大师彼得·克鲁克所言:"所有的企业管理说穿了都是目标管理",一家企业的创始人或 CEO 应该根据自己企业的愿景、使命,比照行业市场竞争和未来发展趋势,用 SWOT 模型,在全员共同参与的情况下,制定适合企业自身特点的经营计划,包括短、中、长期奋斗目标,然后加以合理的薪酬制度、科学的绩效考核以及人才招聘培训等人力资源管理制度的落地实施,企业就可以可持续高质量发展,从而实现愿景和目标。

绩效考核的重点是经理人对下属工作的反馈,任何一种绩效考核的方法都要就员工的工作成果及时作出反馈。英特尔创始人安迪·格鲁夫在他的自传《给经理人的第一课》(2017)中指出绩效评估可以分为两部分:评估下属的绩效以及将评估结果告诉下属。它通常有两个目的:(1)检视下属的技能水平,看看下属缺乏那些技能并设法提高;(2)加强激励力度,好让已具备适当技能的员工创造出更高的绩效。它不是惩处员工的依据，而是为了让员工创造更高的绩效。

　　大部分员工对绩效考核会有抵触甚至反感情绪的原因就在于，领导者或管理者平时并不就自己的工作情况及时作出反馈，甚至会虚伪地表扬或称赞，让自己误以为表现尚可，不料到年底考核却得了差评令人大跌眼镜，员工因此无法提薪或升职，这往往导致员工把绩效考核当作上级挑刺、处罚或压制自己的手段，员工当然会反弹或抵触了！

　　所以组织一定要避免用考评来代替指导和沟通，作为管理者，我们的任务是做好日常辅导，帮助员工去完成任务，而不是在他达不到目标的时候惩罚他，让他不知所措、心怀怨言。考核者应遵循三个原则：坦诚、倾听以及秉公办事（不要掺杂任何个人感情）。正确的做法是管理者必须在一对一面谈之前，先把书面的评估报告交给被考核的下属，（详见第 141 页表 6-1）让他有时间消化并仔细体会你所要表达的信息，然后再坦诚地与其坐下来会谈。此时会有三种结果：（1）下属心悦诚服地接受你的评估报告以及建议的解决方案，并且答应努力改进，这是最好的结果，但要持续跟进指导、反馈才能巩固考核效果。（2）下属可能不太同意你的评估报告，但还是愿意接受你的改进建议，这是可以接受的结果，考核者后续的工作重点要放在被考核者是否按承诺和要求改进工作，并用心了解他不同意你评估报告背后的真实原因，避免自己的误判。（3）他既不同意你的评估报告也不愿意改进。这时你就必须拿出管理者的权威，要求他服从，如果他屡教不改就可能面临被淘汰的危险。

　　管理者在做一对一面谈时一定要明白这是以员工为中心的会谈，最好让员工决定会面的时间和形式，目的除了评估下属的绩效之外，还可以帮助员工解决迫在眉睫的问题，交流各种奇思妙想，或者倾诉郁结已久的焦虑，让员工觉得一切由他决定,让他能够放松地坦诚交流。会谈时,上级要少说多听,而不是刚好颠倒。

在绩效面谈时,如果发现员工绩效不佳是因为存在员工无法控制或逾越的障碍时,如前序作业未完成、员工无法处置的设备故障或天灾人祸等,主管就必须运用自己的知识、经验及影响力,负起消除障碍的责任从而避免责备没有犯错的员工。请记住领导者的重要职责之一就是消除员工前进途中的障碍。

做好绩效面谈只是绩效管理的基础,面谈后如何正确进行绩效辅导及跟进才是绩效考核成败的关键。此时,管理者应按照 GROW 原则(goal——建立目标;reality——了解现状;options——讨论;will——达成意愿)来做好面谈后续工作,以真诚、开放的心态,通过明确下属的工作期望与绩效目标,采取倾听、鼓励及建设性批评等方式给予下属积极的反馈以促进员工的职业发展及成长。

领导者或管理者切记自己是绩效考核实施的主体,是员工绩效改善和提高的推动者,而不仅仅是员工绩效和能力的评定者,不管采取何种绩效考核制度,其目的都是为了让员工找到热爱自己工作的内在动机,让员工因为热爱而积极主动去努力,而不仅仅是为了获得一份奖励或避免一项惩罚才去被动地做事。

人才盘点

初创公司的创始人或 CEO 应掌握对公司进行人才盘点的技巧,大家都深知"千军易得一将难求""得人才者得天下"的古训,深悟"发展是第一要务,人才是第一资源"的硬道理,但华为任正非认为"人才不是华为的核心竞争力,对人才进行有效管理的能力才是企业的核心竞争力",任正非把各部门的一把手的责任定义为"布阵、点兵",布阵即为组织战略和发展负责,点兵就是人才的选、用、育、留。

那么创业者应该怎么盘点人才呢?首先创业者应问自己几个问题:我司定义的人才标准是什么?哪些是我司的关键岗位?我司有多少合适的人才?有多少胜任关键岗位的关键人才?如何正确地培训、提拔和任命这些人才?任命后,如何辅导他具备靶心能力并成功实现组织目标?

凯洛格咨询集团董事长、国内知名战略专家和人才管理专家王成先生在他的新书《人才战略》(2020)中指出公司应该根据自己的使命、愿景和战略来决定组织架构,然后再根据组织架构来盘点人才。此时 CEO(CHO)应深思的 10 个问题是:

1.远观 3～5 年,公司未来的新增战场是哪里?业务组合和业务梯队如何搭建?公司是否为这些主战场和新业务储备好了人才?

2.近看一年,在现在的主战场和新增的战场上,公司马上要发起哪些必胜的战役?该如何排兵布阵?如何找到那些让公司成为行业里不一样的企业的"关键人才"?

3.为适应新战略,组织阵型要进行怎样的调整和改进?要新增和强化组织的哪些能力?现有的领导人是否胜任?

4.公司要跨年对比自身在人才优化配置和培养发展方面采用了哪些策略?有什么进步?

5.公司的人均效益(ROI)如何?是否处于行业领先地位?

6.公司的人才充足率(一年内准备就绪的接班人人数占公司管理人员总数的比例)如何?是否良将如潮?高潜力人员的

占比有没有超过 20％（高潜人才数量占全公司人数的比例）？

7.重要将帅岗位有没有充足的后备人选？其稳定性和胜任度如何？

8.有哪些高潜人才被部门雪藏或压制了？（CEO 要打破内部人才私有化的陋习，让人才在组织内充分流动起来）

9.那些被寄予厚望的人才有没有做出符合期望的业绩？以此来检查企业是否看错人或搭错班子，甚至将人才放错战场。

10.如何让那些不能符合发展需求的元老、功臣、干部发挥余热或体面地淡出？（以赋予新人成长空间，激发组织活力）

CEO(CHO)在进行人才盘点时往往会陷入项目化、形式化、权游化、孤岛化这四大误区中。所以企业的人才盘点应年年进行，同时年年复盘；不能走形式，不能搞成单一的人才测评；不能搞权力游戏和政治斗争。

为了避免人才盘点孤岛化，王成老师提出了人才管理 CARD 模型，首先明确人才标准（competency），即具备什么思维、素质和能力的人才能带领企业（团队）取得持续成功；其次，人才评价（assessment）——企业目前的人才能力现状怎样？与企业未来的战略要求之间有什么缺口？再次，人才盘点（review）——如何才能识别有潜能的人才，并有针对性地选才、留才、用才？最后，人才培养（development）——如何培训人才以缩小人才能力与企业要求的差距？如何为新兴业务和战略转型储备适应未来的人才？

面对日新月异的互联网时代，企业特别是新创企业的发展经常会遇到新业务、新领域、新技能或新游戏规则，即使内部人才储备得再多，也难免要向外寻找人才去填补公司迫切需要的"新能力"，避免公司错失发展机遇。所以，王成老师认为卓越的

CEO 或 CHO 不仅要成为人才专家,还要成为人才并购专家,要掌握外部人才盘点的技能,不仅要懂得为企业引进外部人才,还要协助人才整合,监督每一个关键新成员的加入和融合。

因此,初创企业在快速发展阶段,人才梯队建设有三大核心,分别是选拔或招聘能搭建体系的中高层管理者、搭建内部人才培养体系、打造继任者计划。初创企业进入快速成长期,组织能力跟不上业务发展的需求,一定要向外招揽优秀人才来为我所用,但此时一定要记住空降的干部要跟企业"三观相符",能迅速接受企业文化并融入团队,否则很容易出现"器官移植排斥"的不相容情况,达不到引进人才的目的。此外基层干部尽量要由内部培养,如果连基层人才都要空降,一是无法迅速出结果(因为融合需要时间),二是减少员工的内部晋升机会,打击了现任员工的信心和士气。

在《人才战略》一书的最后,王成老师建议致力于打造生态圈的企业要驾驭好三个层面(核心业务、成长业务和新兴业务)的业务组合,然后构建差异化和多样化的人才生态圈:一是让企业人才济济,二是要加速不同业务间的人才流动。要为新业务成功配置知性谦逊,不过度自信;拥有好奇心,不墨守成规;有一颗英雄心、企图心,使命感和坚毅度集于一身的领军人才。最后,正如世界管理大师彼得·德鲁克所言:"不确定的未来并不可怕,可怕的是,面对变化的、不确定的未来,仍然沿用过去的经验在做事。"CEO(CHO)要开展深层次的学习,摒弃经验理论,发展叛逆人才和蓝军队伍,在唱反调中,识别不容易看到的劣势和缺陷,让自己人进攻自己,不给竞争对手留下战略打击的机会。

盘点人才后如何培育人才使其为企业长期所用呢?行动教育首席培训师熊启明老师在《人才池》(2020)一书中指出:

首先，在人才培育上，企业不能广撒网，不能面面俱到，而要聚焦。先锁定战略性岗位（战略定位—业务目标—业务模式—关键策略—关键岗位），再锁定战略岗位中的关键人才（价值观匹配且能创造价值的高绩效人才），然后瞄准关键人才的靶心能力（三五种足够），比如基层员工的业务作战能力，基层干部的业务能力和个人综合能力，中层管理干部创造团队绩效和进行团队管理的能力。目前很多企业培训都是做全员培训，其实这是很大的坑，往往吃力不讨好，最后老板生气，员工不买账。帕累托的二八法则告诉我们，真正创造高绩效的只有20％的员工，企业应该通过人才盘点，找出值得培育、能为组织创造价值的人才，然后针对不同层级的不同需求，花大力气去培育他们。

其次，一定要明确人才标准。杰克·韦尔奇在《赢》（2017）一书中介绍，GE招聘人时首先要求应聘者必须具备正直、智慧和成熟的特质，然后再努力寻找那些具备"4E"特质（energy积极向上的活力、energize激励别人的能力、edge决断力和洞察力、execute执行力）和有激情（passion）的人。韦尔奇对激情的定义是：对工作有一种衷心的、强烈的、真正的兴奋感，他们具有旺盛的生命力，特别在乎别人，发自内心地希望周围的同事、朋友取得成功，他们热爱学习、追求进步，对周围的一切充满好奇心和兴趣。

相比于GE的"4E＋1P"，香格里拉酒店的ASK法则更简单，值得创业者借鉴：A代表attitude（态度）；S代表skills（技能）；K代表knowledge（知识）。熊启明老师建议找到企业所需人才的核心基因，提炼出三条标准，再把三条核心标准细化为九条可评估的细则，切忌标准过多，过于复杂。定了人才标准后要选种子（资质）、选基因（价值匹配和高潜力），找到那些具有自驱力、强烈目标感、强烈学习欲、强大抗挫力、强大自律性的人才,然后送到新领域、逆境和停滞这三大熔炉去锻炼。用目标规划、共启愿景、杠杆驱动、任务驱动四种办法来持续激发人才的自驱力。在人才培育过程中,要允许员工试错,但有三个原则:(1)可以犯错,但是不能不承认错误;(2)不可以犯同一个错误;(3)不能错上加错。

人才盘点的一般流程是:定标准;个人自评;成长面谈;成长规划。人才盘点后可以把员工分为九种,对于 A 型员工要把他培育成顶级人才而不只是拼命地用;对于骨干和高潜力人才特别是高潜力人才要努力把他们培育成 A 型员工;对于老黄牛、普通员工和储备人才,必须广招、慎选和严进;对于慢车、问题员工和劣马要坚决淘汰。

公司的顶级人才,又分为关键人才和重要人才。重要人才让企业成为行业里的优秀企业,而关键人才让公司成为行业里不一样的企业。比如飞行员和机长是航空公司的重要人才,但不是关键人才,因为关键人才是支撑公司实现战略差异化的人才,领导者可以通过回答 3 个关键问题来找到关键人才:真正创造战略差异化的是哪些员工? 直接决定我们客户价值主张的交付水平的是哪些员工? 真正左右我们战略财务绩效水平的是哪些员工? 然后在关键人才上倾注更多的资源和精力。

新创企业经过人才盘点,找到了关键人才和重要人才后怎么才能留住这些人才为我所用呢? 麦肯锡调查人才离职的前三个原因:工作和成绩得不到公司认可;在公司里得不到充分的沟通和信息;在所在岗位上没有发展机会。所以领导者要通过共同愿景、适当关怀、真诚服务,为员工的前进道路扫除障碍;通过发自内心的尊重、稳定的保障、成长的机会、应得的待遇和福利、与员工真诚的伙伴关系以及兼顾员工工作和生活需求,让员工实现谋生与乐生的结合等方式方法来培养员工的忠诚度。

如何留住人才的问题其实就是员工觉得在你的团队幸福与否的问题。幸福的员工才会对工作有热情,才会承担相应的责任,喜欢并且真诚地关心同事与客户;他们效率高,愿意配合他人,与他人合作,并在合作中取得成功。因此,你需要做的只是确保你的员工能够开开心心地工作,让他们对公司和事业的前途充满希望;多鼓舞他们,让他们在工作中充满成就感,同时又不乏挑战。新创企业的领导者应该让下属有幸福感。除了物质奖励,还可以打造一个卓越的工作环境——充满乐趣,令人兴奋,并且给下属授权,而非集权。应该传递积极的能量,打造一种"我们可以变成巨人"的士气,给予员工畅所欲言和得到倾听的机会以及真正发挥影响力的舞台。此外,还要消除公司里单调乏味、愚蠢压抑的官僚主义风气和等级制度,不要让员工把大量精力耗费在琐碎繁重、没有意义的工作上。应该建立充满活力的文化,让员工在公司获得自由发挥的机会,产生主人翁意识,能够像创始人一般去做事,甚至不想离开公司去吃晚饭。

综上所述,招才选将是把对的人请上车,人才盘点是要把不对的人请下车,而人才培育是要把合适的人培育成高绩效的关键人才。

自我提升

卓越领导力的修炼

许多创业者,特别是刚步入社会的年轻人是凭着一腔热血和激情投身创业之路的,他们缺乏社会阅历和管理公司(团队)的经验,因此,初创企业领导者一定要注意修炼自身的领导力,并提高自己科学决策的能力以带领团队克服重重困难,百折不挠地去实现创业的愿景和目标。第二次世界大战结束后,有人曾问联军最高统帅艾森豪威尔将军,成功的领导公式是什么?将军给出的答案是:"授权+赢得追随+实现目标。"

管理大师哈罗德·孔茨认为:领导力就是一种影响力,领导即是一种影响过程,是使人们心甘情愿和满怀热情地为实现组织目标而努力的艺术或过程。美国前国务卿基辛格博士说:"领导就是要带领追随他的人们,从他们现在的地方,去还没有去过的地方。"英国人斯图尔特·克雷纳及戴斯·狄洛夫所著的《领导力的本质》(2017)一书中指出:管理者是把事情做对的人,而领导者是做对的事的人。管理者更多的是依赖组织赋予的职位和权威来管控团队,而领导者即使没有任何职位也能凝聚人心,鼓励个人朝着更高的理念迈进,去实现组织的目标。正如俗话常说的:千里马易得,伯乐难寻也!

无独有偶,英国人史蒂夫·拉德克里夫在其著作《领导如此简单》(2015)一书中也提到,不管你的职位是什么,你都要力争成为一个领导者,有三个基本要素要注意:未来—鼓动—践行(future—engage—deliver)。首先,领导者要对未来有计划,明确未来的目标是什么。领导者只有自己非常清楚未来的目标和方向,才能够说服他人跟随自己去为目标而奋斗。领导者对未来的热情越高,追随者感受到的正面影响就越大。

其次,领导者必须能够带领团队进入对未来的设想与憧憬当中。这不只是传达、演讲或是告知,而是要唤起团队成员和领导者之间的共识,一起憧憬未来,要做到这一点领导者必须具备"抱负、正直、坦率、坚定、能力、忠诚、关怀和真诚"等优秀品质。

最后,领导者要行动起来,或者更准确地说,帮助团队行动起来,全体一致地进入实现愿景的实践运行阶段。所以衡量一个领导者是否拥有领导力,就看有多少人愿意追随他? 有哪些人愿意追随他? 追随他的人都属于什么层次?

全球创新和发展领域的顶级专家,世界领导力之父沃伦·本尼斯指出,在未来的世界,知识资本(智囊团、行业知识及人类的想象力)已经取代资产和资本而成为企业成功的关键因素,他认为新型领导者应具备四种能力:

1.能理解并运用赏识的力量,不怕雇佣比自己强的人,好领导"会舍弃自我以成全有才华的人"。

2.不断提醒人们什么是最重要的,让你的员工牢记重任。

3.创建和维护信任。

4.和追随者建立密切的联盟,伟大的领导是由伟大的团队塑造的,是由尊重他人和使个人具有尊严的社会体系的组织塑造的。

被《福布斯》杂志评为"全球最佳 CEO"的罗伯特·艾格在其所著《一生的旅程》(2020)中,根据自己的职场生涯经验总结了领导者应具备的十种特质,分别是乐观、勇气、专注、果断、好奇、公正、慎思、真诚、追求极致、诚信,他希望年轻人应努力培养和提升自身职业素质以助益自己尽快地成功,实现梦想。

书中,艾格着重描述了他如何引领迪士尼公司在 15 年时间里,审时度势地并购了皮克斯、漫威、卢卡斯影业和 21 世纪福克斯等行业翘楚,使迪士尼快速成长为全球娱乐巨头。在这些并购案中,罗伯特充分体现他的人格魅力,总是带着尊重、诚信和同理心与人接触和交流,在每一个并购案中都与对方的主要领导人、世界商界的重量级人物,比如史蒂夫·乔布斯、乔治

·卢卡斯、默多克等人结下了深厚友谊,甚至成为终身知己。而且每次并购后,合并后的公司都能发挥出 $1+1>2$ 的功效,在为股东创造价值、为员工增添福祉的同时,为社会贡献力量。

艾格还坦率地分享了他之所以成为优秀领导者的成功经验。其一,在于拥有足够的自知之明,不要沉溺于你是唯一一个能做这份工作的人选的执念之中。杰出的领导力重点并不在于你的不可取代性,而是要帮助他人做好有一天继任你的职位的准备——也就是给予他人与你一起制定决策的机会。

其二,辨识员工需要开发的能力并帮助他们进步。领导者要认真寻找和筛选那些敬业、有耐心,珍惜对组织有所贡献的机会,并从中实现成长,态度端正、有活力、做事专注等值得信任和托付的人才。

其三,管理者要尽职尽责,专心致志,倾听别人的困难,并帮助他们寻找解决办法,做到随时随地与员工并肩同在,并确保让他们知道有困难时你会伸出援手;要认真思考和回应直接下属汇报的一切问题,腾出时间和他们探讨具体问题,细心体恤他们感到的压力等,这对于一家公司的士气和效益来说,至关重要。

在这本好书的最后,艾格提醒自己及其他企业的 CEO,对于一个人来说,在太长的时间拥有太大的权利并不总是一件好事,你的自信很容易就会越界成为自大,继而变成一种累赘,你或许会觉得自己无所不知无所不能,因此对他人的看法变得缺少耐心或不屑一顾,这可能不是你有意为之,而是这个职位的必然产物,所以你应该保持必要的警惕,努力倾听和关注不同的意见,要请身边的同事敢于提醒和谏言,最好是寻找一流的导师来让自己吸取营养,与时俱进,终身学习,不断进步。

艾格宣导的领导力理念还有:鼓励冒险和创造力;搭建彼

此信赖的文化环境;推动自身深刻而持久的好奇心并激发周围人的好奇心;拥抱和接受变化而不是对其充耳不闻;永远带着正直和诚实在世上前行,即便这意味着面对难以直面的困难等,这些都是卓越领导者必须具备的特质。面对充满跨界颠覆及不确定性的未来,罗伯特·艾格确定迪士尼以三个优先事项作为基础:创造高品质的品牌内容、拥抱科技以及实现全球性增长。同时,迪士尼的高管团队一直就以下问题进行探讨:在日新月异的市场中,高质量的品牌产品是否会变得更加弥足珍贵?我们该如何通过更深入人心的、富有创意的方式,将产品传递给消费者?有哪些新的消费习惯真正形成,而我们又该如何适应这些习惯?我们该如何利用科技,才能使之成为推动增长的强大创新工具,而不是被其带来的颠覆和毁灭压垮?

有鉴于此,新创企业的领导者日常应该做哪些工作呢?杰克·韦尔奇建议创业者要做到:(1)坚持不懈地提升自己的团队,把同员工的每一次会面都作为评估、指导和帮助他们树立信心的机会。(2)让员工不但要怀有梦想,而且还要拥抱梦想、实践梦想。(3)深入员工中间,向他们传递积极的活力和乐观精神。(4)以坦诚精神、透明度和声望,建立他人对你的信赖感。(5)有勇气,敢于做出不受欢迎的决定,说出得罪人的话。(6)以好奇心,甚至怀疑精神来监督和推进业务,要保证自己提出的问题能激发员工的实际行动。(7)勇于承担风险、勤奋学习、成为表率。(8)学会庆祝。在员工取得成绩时,哪怕是一个简单的击掌相庆,也能让员工有胜利者的感觉,并且营造出一种有认同感、充满积极活力的氛围。

本书讨论的创业泛指创建民营企业,中国改革开放四十多年造就了一大批优秀的民营企业。进入 21 世纪,第一批创业领袖基本年事已高,企业也逐步进入了交接班阶段。近几年,我一直在思考、观察和研究民营企业特别是私人控股或家族企业如何真正实现世代传承、永续经营的课题。这方面的论述不少，但直到通过樊登《可复制的领导力》（2018）的推荐，我研读了由中信出版社出版，美国著名领导力专家、哈佛商学院管理实务课教授罗伯特·史蒂文·卡普兰先生所著《哈佛商学院最受欢迎的领导课》（2013）一书后，才有了一些比较清晰的概念，现总结出来和大家分享。

我们身边不乏一些历史悠久的私人控股或家族企业，他们的创始人有不可抵挡的魅力、高深的洞见、准确的直觉、杰出的管理能力、激励他人的号召力等特质，因此带领企业经过十几甚至数十年的奋斗，取得了不俗的成就，在行业里享有一定的声誉。可是，我们会发现这些老板们（领导们）非常忙碌，每时每刻电话不断、办公桌上的文案堆积如山、办公室门口总是有员工在排队等待请示工作、公司里的任何一笔支出都要自己亲自审批才能放款……跟这些老板在一起探讨问题，他们总是哀怨事情太多、时间不够、人才不足，总是忧心忡忡、无比孤独，甚至会感到迷茫无助。

究其原因，首先是这些领导不懂得授权。卡普兰教授给出的建议是：让这些领导者把手头所有工作分类，第一类是只有他能做到的，而且是全公司未来达成关键要务必须要完成的任务；第二类也是重要任务，但至少有部分工作可交由别人去完成；第三类则是不太重要，应该交给其他人去完成的任务。领导只要亲力亲为去做第一类事情，第二类事情要指导手下高管（接班人）去完成，第三类事情就应该完成授权，按公司的制度、流程去执行。公司的创始人、最高领导者应该把大部分时间放在找出决策方向、做出重要决策、指导接班人、分配利益等有关公司未来发展的要务上。

领导者要克服一个坏习惯，即名义上已将工作授权给各个主管，但事后会审核部属所做的决定，就连对公司整体进度无关紧要的小决定也要过问，甚至是毫无原则地想改就改。最糟糕的情况莫过于当首席执行官已经忙不过来了，大家仍等着首席执行官亲自做出日常决策，因此出现决策总是无法及时解决公司燃眉之急，或者计划赶不上变化等等情况。长此以往，手下都是一些没有得到指示就不懂得干活的木偶，有想法有激情想做事的人才就会离开！

其次，在公司内部有没有真正的培养接班人的流程和计划？很多老板根本没有培养接班人的计划，或者只是堂而皇之地挂在嘴上说自己非常重视培养人才，会践行世代传承、永续经营的理念，他们太眷恋自己辛辛苦苦大半辈子赚下的荣誉、地位和成就，不舍得放弃眼前的既得利益，所以，一切宣传和口号只是摆设。岂不知一个优秀领导人所肩负的责任中，最根本的一项就是培养公司重要位置的潜在接班人——这是知易行难的任务。而公司内部的优秀人才一旦认为公司未能通过详尽规划的一系列任务和有效的教导对他们委以重任，他们往往会因此离开公司。高潜力人才离开造成的损失，等同于你将一大笔钱丢出窗外！——这是很多私营企业老板不愿意看到但一直在重复做的事。

还有，有些老板虽然已经有了接班的规划，但选择接班人的标准不是人才的能力水平和道德水准，而是只会提拔对自己忠诚的部属，组成朋党式的领导团队，这样会败坏企业的文化和风气，当危机来临的时候，就来不及补救，因为已来不及找回公司急需却长期流失的人才，企业的正能量文化不是一朝一夕就能恢复或建立起来的！所以，防止朋党、派系出现的最有效方法，就是要及早开始培养愿意对事不对人，以功绩为评价标准提拔下一代领导人才，并愿意敞开胸怀接纳多元观点的接班人。

最后，一个组织（即使是微小企业）想吸引优秀的人才并留住他们，创始人和最高领导一定要构筑清晰有力的伟大理想、愿景、目标、使命和经营理念，这样才能确保全公司上下以特定愿景、相关要务为中心，齐心协力朝着目标前进。这样的文化建设要以什么样的标准来考验才算初见成效呢？多次重复，直到你的员工开始认同你讲出的那些话，开始模仿你，并用这些理念来指导自己的工作、学习！

所以，领导力大师约翰·麦斯威尔将领导力对人的影响分为五个阶段：（1）权利，人们因为你的职位而不得不服从你；（2）关系，人们因为跟你的关系好而跟随你；（3）绩效，人们因为你为组织作出的卓越贡献而跟随你；（4）复制，人们因为你培养他们而跟随你；（5）尊敬，人们因为尊敬你和你代表的使命感而追随你（于刚，2018）。企业创始人要努力做到第五阶段的要求，靠自己的使命感和影响力去领导员工，而不是靠职位或关系去领导他人。

通过以上论述，我们了解了领导力的概念和特质，那么，企业创始人要如何修炼自己的领导力呢？《孙子兵法》早在2500年前就提出了世界上最早的"领导力素质模型"：将者，智、信、仁、勇（果断决策）、严。管理大师彼得·圣吉指出："lead"（领导）来自印欧语系词根Leith，意思是"跨越界限"。领导者需要"跨越界限"，跨越现有优势的界限，跨越现有能力和资源的界限，跨越既有利益的界限，跨越固有产业的界限。在这个意义上，领导力是促进企业跨越界限，向前迈进的一种能力，这种能力能够鼓舞他人，进而促进整个组织向前进步，以持续拥有精彩的未来。

在《战略罗盘》(2018)一书中,王成老师把领导力分为交易领导力、魅力领导力和战略领导力。所谓的交易领导力就是关注员工的感受,很好地和员工做"交易",艺术地运用手中的胡萝卜和大棒来让员工完成你所期望完成的工作,整个领导过程就是领导者和被领导者相互满足的交易过程,比如目标管理、如何分配任务、如何授权、如何对员工的工作成果进行绩效管理及如何辅导员工等都属于交易型领导力的范畴。交易型领导力的前提是你手中要有权力,然后让员工更好地服从你,它十分强调短期绩效是否达成,它不能够赋予员工工作的意义,从而无法调动员工的积极性和创造性。

charisma(魅力)一词源于希腊语,意思为"神的魅力",这种魅力就像圣灵一样引人入胜,所迸发的不是"被动的服从"而是"主动的追随"。管理大师詹姆斯·马奇指出,好的领导者应该是一个有魅力的诗人,需要在行动中寻找意义,为生命涂抹色彩。一般而言,做老大简单得多,你的权利主要来自你的地位。而作领袖就比较复杂,领袖的力量源自人性的魅力和号召力。领袖领导众人,促动别人自觉而甘心卖力;老大只懂支配众人,让别人感到渺小。

著名领导力大师本尼斯的研究表明,魅力型领导者需要具备几种关键能力:有远大的愿景和理想;能让下级认同并拥抱该愿景和理想;对愿景和理想执著追求,并贯彻始终。由此可见,对魅力领导者的首要要求就是:站得高、看得远,成为企业愿景的描绘者,成为企业方向的指引者,如此才能让下属有方向感。

大部分人在生活和工作中经常会感到迷茫,不知何去何从。这个时候能给员工指明前进方向的领导者才能得到员工的追随,他们追随的可能不是领导者个人,而是他指明的方向。

如果你的下属认为你指引的方向是正确的，他就愿意死心塌地地追随你。只有能够让下属，让整个组织具有方向感的领导者才是真正的魅力型领导，下属才愿意从简单的服从到内心忠诚地追随，这就是所谓的内在动机。

但是，仅成为魅力型领导者还是不够的，因为魅力往往是有时限的，如果员工沿着你指明的方向前进了一段时间，发现方向不对或者效果不好时，你的领导者魅力指数就会一落千丈。所以高管不仅要关注和修炼"领导力投入"的交易领导力和魅力领导力，还要关注和修炼"领导力产出"的战略领导力。所谓战略领导力就是一个人所具备的带领一群人抵达从来没有去过的地方的能力，它的根本特征是对全局整体负责、对方向路径负责、对事业成败负责、对持续的未来负责。对此，王成老师给出了一个方程式：卓越领导力＝（交易领导力＋魅力领导力）×战略领导力。王成老师通过这个方程式告诉企业管理者，如果你仅仅有好的战略，但是没有充分展示领导的魅力，那么你无法共启愿景，从而让员工奋力执行战略；如果你没有正值的战略领导力（战略领导力可能为负值）作为引导，领导的魅力就不会用到恰当的地方去取得灿烂的胜利成果，激动人心的战略方向有时带给大家的是混乱的迷途。（典型的案例就是二战时期的德国纳粹领袖希特勒）

所以创业者要培养自己的战略思维能力，让自己从局部专才到全局通才；从总结者到预见者，既要关注"绩效差距"，又要关注"机会差距"，要突破3个月的"远见极限"转而思考至少3年的未来；从分析者到决断者；从观察者到洞察者，战略洞察就是在灰色中决策，在边缘处创新，在混沌里探索前行的方向，带领队伍走向胜利。宫玉振教授在《善战者说》（2020）一书中指出，创业者能一眼看透问题的本质，然后果断地把有限的资源投到关键的节点上,资源的价值就可以因此最大程度地发挥出来。创业者的这种能力称为"洞察"。

正如时间一样,未来对人们都是"机会均等""环境一致"的,因为未来还没有发生。因此,在面对未来的时候,决胜的关键往往取决于"战略思维",即对未来的坚韧期许和远见洞察。成功代表过去,机遇代表现在,只有战略代表未来。对于内心没有方向的人,去哪里都是逃离;对于有方向的人而言,走到哪里都是追寻。在《战略罗盘》(2018)一书的最后,王成老师号召大家要做自己人生的战略家,成为命运的主宰,成为灵魂的统帅!

科学决策

创业者除了要修炼卓越领导力之外,还要懂得在日常公司的运营活动中,运用知识和智慧做出正确的决策来引领公司不断克服前进路上的各种困难险阻,砥砺前行去到达理想的彼岸。

美国人大卫·R.亨德森所著《决策的智慧》(2014)介绍了做决策要掌握的两个基本原则:一是结果比理由重要,做决策的依据,应该不是理由而是结果。理由再充分,也不一定能作为行动的依据,理由往往是为自己的行动找的合理化借口。二是将选项换算成价值,对不同的决策进行对比判断时,可以换算成价值来进行投入与收益的比较。

创业者做决策时要注意避免两个常见失误:一是忘了考虑"机会成本",大多数人在计算成本的时候往往考虑不全面,忽略了机会成本(选择了做这个事情,而放弃或牺牲去做其他事情的代价)。在做决策的时候计算机会成本,能帮助我们对决策质量进行更好的思考和判断。二是多计算了"沉没成本",我们要像经济学家一样,不去考虑已经不能改变的沉没成本,而是要面向未来思考,看清楚什么才是真正值得去做的事情。

很多创业者创业初期在某一产品或服务上投入很多时间、精力、资金和努力,虽然发现此路不通,但考虑到为此付出的巨大代价,不忍割舍,所以继续无谓的坚持,直至血本无归,破产倒闭。其实,聪明的决策者懂得放弃一份失败的事业,而把时间和资源用于开创一番成功的新事业;面对一份失败的事业,懂得放弃的人可以改善自己的生活,而拒绝放弃的人终究难逃失败的厄运,再厉害的人也经不起在一个错误的方向上一直折腾。创业者一定要追求成果,不要去做无谓的牺牲,无谓的牺牲是对社会资源的一种巨大消耗。创业者判断新创企业有没有未来,唯一的标准是企业能不能针对市场竞争确定一个优势位置,能不能在这个优势位置上建立起主导地位,只有攻占了核心阵地,进入制高点,事业才算起步,才有定价权。没有定价权、没有垄断一个定位的公司,是无法做大做强的。

大卫·R.亨德森在书中建议创业者面对困境时自问:如果从今天起,一切重新开始,凭借你所拥有的资源和技能,你最想体验或完成的事情是什么? 如果你的回答是:坚持做下去,那么你就应该继续坚持你的选择。如果你另有他选,那么不管前面付出多少,都应该放弃当下,改变方向去开辟新的事业。

奇普·希思和丹·希思兄弟在他们合著的《决断力:如何在生活与工作中做出更好的选择》(2014)一书中指出,做出科学决策一共要分四步走。第一步是看自己都有哪些选项。一般人的做法就像富兰克林发明的"道德算法"一样从现有选项里选,而正确的做法是想想你能不能给自己增加几个选项,增加自己可选择的余地。第二步是评估每个选项的优劣。正确的做法是避免先入为主的"确认偏误"而向尽可能多的人寻求意见,让自己的决策获得一个客观的评估。第三步是不要被自己的短期情感所左右,一定要从长远考虑,从这些选项中选择一个最佳方案。第四步是对未来的不确定性要有一定的准备,任何决策都不可能百分之百正确,如果将来出现变故,你得有所准备,不要太盲目乐观或自信,也不能拥有一颗"玻璃心"。用科普作家万维钢博士的总结来说,这四步决策就是:第一奇计百出;第二实事求是;第三从长计议;第四未料胜先料败。

要做出科学决策必须得有多个选项,最简单的增加选项的办法就是看看别人是怎么做的,这个借鉴思路叫做"寻找亮点"。做任何一个新项目之前,先看以前做成功的人是怎么做的,事先不预设任何立场,让各路人马自由发挥提出方案,然后把所有方案都摆出来,全面评估后找到适合自身特点的成功模式。

如果各个方案分析起来各有利弊,那么怎么做决策呢?希思兄弟给出了三个办法。第一,当我们特别想做一件事的时候,就会产生"确认偏误",此时只能听进去正面的意见,对反面的意见非常逆反甚至充耳不闻。这种现象对于创业者作重大决策是非常危险的。正确的做法是设立反对派,反对派成员即使支持某项方案,但在开会的时候也要想方设法列举反对意见。如果听过所有反对的理由,创业者仍然还要坚持实施(或投资)这个项目,那么,这个决定往往比较靠谱。

第二,多听听同行精英的意见,同时也让自己以旁观者的视角来观察自己,希思兄弟推荐一种"10/10/10 法则"的旁观技术,这个技术要求从三个时间尺度去考虑同一个问题:

(1)10 分钟之后,你会对这个决定作何感想?

(2)10 个月之后,你会作何感想?

(3)10 年之后,你又会作何感想?

这其实就是一种旁观者思维，站在一个远距离考虑问题，所有短期的情绪，什么害怕、紧张，可能就都不重要了。

另一个使用旁观者思维的办法是，当面临困难选择的时候，可以问自己：如果是自己最好的朋友面临这个选择，你会给他什么建议？

还有一种旁观者思维就是用一种外语来思考，这更有利于做出正确的决策。究其原因，我们使用的外语毕竟不同于母语，它不善于表达短期情绪，而更有助于慢思考。

第三，用所谓的价值观来设定决策的优先等级，即你认为什么重要，什么不重要。比如，作为一家企业的首席执行官，你认为让消费者满意最重要，还是让股东满意最重要，抑或是让员工满意最重要？价值观决定了企业经营的方向，可以指导你做出符合企业价值观的决策。

如何在借鉴前人试验的基础上，趋利避害地进行自身的实践呢？丹尼尔·卡尼曼在《思考，快与慢》(2012)一书中提出一个科学决策的重要概念，叫做"基础比率"。所谓基础比率就是以前的人做同样的事做到的平均水平，这是预测未来最好的参考指标。基础比率是一个非常强大的预测工具，说白了，你并不比别人强多少，如果其他人做这件事需要那么长时间，基本上你也需要那么长时间。如果其他人做这件事失败了，那么你做这件事失败也是大概率事件。

所以，我们平时在做决策时，一定要秉持这样的原则，先看基础比率，再分析自己有没有比别人具有优势的地方，切记这些理由必须是切实存在的与别人的不同之处或过人之处，而不是自己臆想的。

在信息爆炸、科技创新日新月异的互联网时代，一切将变得更不确定，新创企业的领导者要做出科学、正确、最佳的决策,一定要注意加强和提升对自己认知力的训练,优秀的认知力能够较好地把握当下、预测未来、顺势而为去为企业取得先发优势。企业要向市场推出一个新产品或一项新服务时,一定不能等到设计或实验到十全十美的状态才推向市场,一定要先做出比较基础(粗糙)的原型,进行小规模的生产,然后再小规模地测试市场反应。如果市场反馈好,就加大研发力度、扩大产量;如果市场对这个产品(服务)不感兴趣,那就干脆放弃它。此时要秉持试水创新的三原则:

(1)尽可能尝试新事物。

(2)尝试要可控,要确保实验不给组织带来灾难性后果。

(3)获得反馈,从结果中学习,随时调整。

总之,决策是一门艺术,我们既要有理论,又要根据不同的环境做出最合适的决策,选择按照逻辑最有可能带来好结果的方案,要趋利避害确保决策的正确性,千万不要寄希望于运气。

商务谈判

首先,何谓"谈判"? 美国俄亥俄州立大学费雪商学院院长、曾担任国际冲突管理协会主席的罗伊·J.列维奇教授在其经典大学教科书《商务谈判》(2019)一书中定义:谈判是双方或多方相互讨论,以决策的方式来解决冲突的利益关系。而美国供应管理协会(ISM)的定义是:谈判是一个双方或多方之间相互探询和交流的过程,以确定相互间的兴趣、底线和其他可选项,并致力于达成各方都满意的结果。

在日常工作中,企业内部经常遇到的是与同事的沟通(我们在前面第一节"过程管理"已讨论过);而外部我们经常会和供应商、客户、金融机构等配套服务商进行谈判。

在新创企业中,常见的商务谈判是采购谈判。采购谈判一般是在企业与供应商之间，围绕采购交易的所有环节展开，包括价格、服务、规格、技术和质量要求、支付条款等，是一个正式的交流沟通过程，并构成企业寻源战略执行与实施阶段的一个重要环节，它是一个复杂且高成本的活动。谈判流程一般包括谈判准备与谈判实施两个主要阶段。在谈判准备阶段，谈判团队需要与内部利益相关方进行充分沟通，明确谈判标的及范围，谈判的目的与目标，并收集和分析供应市场的相关资讯情报、谈判双方的业务状况与趋势信息、谈判双方优劣势所在，进而制定谈判战略、策略、战术与可能会使用的谈判技巧，选择合适的谈判团队成员，商讨和确定成员在谈判过程中的角色与职责，形成周详的谈判计划，还要事先进行谈判模拟演练，识别谈判计划中的潜在问题并予以修正。经研究，谈判的准备成本占到谈判总成本的 90% 左右，需要采购人员投入大量的时间和精力进行充分准备。

谈判的实施一般分为开局、试探、协商和成交四个阶段，一个成功的谈判结果就是合同的签订。

商务谈判一般分为分配型谈判的"单赢"零和谈判方式、整合型谈判的"双赢"谈判方式以及单一供应商的适应性谈判方式。

1.分配型谈判

有人用分食蛋糕来比喻分配型谈判，即在资源有限的情况下，双方为了争夺更多的资源而进行的博弈，某一方的利益增加就对应着另一方利益的减少，故也称为"竞争型"或"输赢"谈判，它有三个关键点：目标价；价格底线；开价。

在分配型谈判中，信息被视为一种有力的武器，而信息保密被当作一个重要策略。双方都尽力保守己方所知的信息，同时竭力探寻对方的各种信息，尤其是对方的底线。分配型谈判的首要目标,是为了达到己方在交易中所获得的收益最大化,因此,谈判中要做好两件事,一是发现和识别供应商的底线所在;二是影响对方改变其预设底线。

分配型谈判中,"开局"的目的主要包括:对双方的力量做出预估;争取获得更加有利的地位;从一开始就掌握谈判的主动权。因此,在分配型谈判中处于强势的一方一般会将谈判地点安排在己方场所,让己方人员占有主场优势并以逸待劳,并常常会使用"先声夺人""顾左右而言他""故意缺席""一口回绝"等心理战术,力争抢得先机。此时,处于劣势的一方也不能被对方"充满力量"的表象所迷惑,既然对方与自己坐在谈判桌前,也就说明,他们并非一切尽在掌握中,要根据事先掌握的情报,不卑不亢,通过后续的试探阶段你来我往,据理力争。

试探阶段的目的,就是要了解对方的立场与目标定位、试探对方的底线,明确对方的真实需要和兴趣所在,而己方则会有选择地向对方透露自己的业务信息、乐观定位与期望,将谈判朝着有利于己方并达成双方都可以接受的协议的方向进行引导。在谈判的试探阶段,提问和倾听是最重要的一种谈判战术和技能,而所要提出的问题及提出的方式,最好是在谈判计划阶段就已经制定,再结合现场的情况随机应变。

协商阶段的目的主要是促进己方要求的达成,迫使对方让步并尽量靠近他们可以接受的底线位置,当然,弄清楚哪些是对方必须得到满足的,并争取满足之,从而确保协议的达成,是协商阶段的重中之重!协商阶段最重要的两种技能就是"提要求"和"做交换",从而达成既有利于己方又能够满足对方根本需要的协议。谈判者需要培养竞争性、合作性和创造性的特质,要记住,要是得不到己方想要的回报(交换),决不可轻言让步。

提要求时要干净利落,清楚明白;做交换要用己方成本较低,但对对方价值较高的条件来换取对己方价值较高、对对方成本较低的条件。比如,己方现金流较好而对方周转困难的时候,就存在用账期换价格的机会;当己方品牌知名度高,对方要争取成为己方新晋供应商时,就存在用业务机会换价格的机会……尽量做到公平交换,更重要的是让对手可以接受,甚至对方认为自己"赚了"。

在协商阶段,处于强势的一方,经常会采用一些强硬或诡诈的战术,比如"最后通牒——要么接受、要么免谈""红脸白脸""逐步蚕食""疲劳战术""画大饼""调虎离山"等。此时,处于劣势的一方,可以采取的对策有:忽略对方(把对方当纸老虎);直言相告我方已看出对方在使用什么战术;针锋相对(准备替代方案 BATNA,或称次善之策);建立信任关系……

成交阶段的主要目的在于澄清和确认双方已经达成的一致点,防止达成的协议在事后得不到履行和实施。技巧就是速战速决,避免久拖不决。此时,需要总结回顾并确认协商过程中的所有关键成交条件;发出成交信号,确认对方接收并接受;对所有协议达成的附加条件或后续行动计划进行澄清,并形成文件记录。

2.整合型谈判

整合型谈判是指通过资源整合、相互合作,共同扩大市场占有份额,也就是俗话说的"把蛋糕做大"。这时,双方在谈判中,更多抱着"双赢"的态度,求同存异,通过有效的信息交换和信息共享展开协商,以达成协议,满足双方真实的需要。

开局阶段,双方更多地表现出诚意、信任、礼貌和谦和,主人尽力营造"宾至如归"的氛围,客人表现"客随主便"的气度。整个谈判过程中,双方尽力保持信息沟通的自由与畅通,开诚布公地和盘托出各自所面临的问题,以及期望与对方一道解决问题的诚意。

试探阶段,通过各种提问,发现合作中呈现出来的问题背后各自的利益诉求与根本需要,然后尽量理解并满足对方的利益诉求。

协商阶段常用的战术:滚木策略(互相退让,利益互补);将蛋糕做大;资源调剂(富余方提供闲置资源供需求方使用);协议外补偿(介绍新业务,或提供增值服务等)。

成交阶段的实质是对"协商"阶段中识别到的各种可选方案进行评估,并做出最终选择。

3.适应性谈判

最典型的适应性谈判案例就是与唯一供应商的谈判。此时,应以满足对方的条件为先,从而满足己方的根本需要——保证供应,尽量低调以确定长期合作关系。

当然采购方也不想一直处于被动局面,其改变局面的技巧有以下几种:寻找替代供应商;与供应商联盟、合资或并购来巩固自己的地位;发现对方的弱点,利用为供应商提供融资借贷、管理辅导、介绍新客户等增值服务来增加自己的话语权;……

被广泛用于谈判的三个经济学理论:(1)损失规避:面对损失的痛苦感要大大超过面对获得的快感,即损失一定金额带来的痛苦相当于获得两倍此金额带来的快乐。(2)锚定效应:买卖双方一般会以最先提出期望价格一方的报价为基准,然后对比之后的价格是偏高还是偏低,所以先提出价格诉求的一方占据有利位置。(3)过度自信:人总是过度相信自己的能力。若你认为一个项目成功和失败的概率是各占一半时,那么此项目90％会失败。

谈判技巧

商务谈判的目的不是为了"取胜"或"投降",而是通过谈判进行交换,以他人所需换己之所求。一般的谈判原则有:有利定位;高企期望(锚定效应);巧用信息;深谙力量(品牌、声望、实力、业务的重要性等);满足需要;稳妥让步。

在谈判阶段,谈判团队要掌握的基本技巧有:对自己的产品或服务有信心;要强调本公司产品或服务被对方同行头部企业采用的成功案例;用开价镇住对方;谈判者最不应该做的事是接受对方第一次出价;白纸黑字值千金;凡事都可以再商量,包括修改合约;不要单方面做出善意的让步;及时止损;谈判中最有用的两个字——"如果";在还没有收到对方的其他提议或建议之前,不能对自己的首次提议做出任何改动;切不可赞扬向你提供商品或服务的人;如果没有首长,不妨虚构一个;善于应付对方的还价和善于向对方还价是成功谈判者的两大技能;在谈判中避免威胁对方,没有人乐意受人威胁,这势必造成反威胁的恶性循环;了解谈判对方的业务、机构以及人员的所有背景;不要被对方的外表或环境给迷惑了;凡不符合己方利益的交易,你都有权说"不";给予每一个与你打交道的人最大的尊重;要竭尽全力不折不扣地执行签署的协议或合同。

有时候,谈判会陷入互不相让的僵局,一个商务谈判高手应掌握一定的打破谈判僵局的技巧:把注意力集中到问题本身;缩小问题的范围;暂时休会;寻找共同兴趣;寻找第三方的介入和帮助;把注意力集中到达成共识的领域;改变谈判问题的排序……

创业者或初涉社会的职场新鲜人千万不要和这几类人谈判:对构建信任关系漠不关心的人;不守承诺的人;只在乎自身

利益的人；就核心问题存在分歧的人；借故请假后就失联的人；毫无常识的人等等。

企业文化建设

每个创业者都想把自己的公司建设发展成基业长青、闻名遐迩的优秀企业。那什么样的企业才算是优秀企业呢？教科书上说，优秀企业的领导富有远见，员工充满激情，人才梯队完善，团队精诚团结；激励机制清晰，核心竞争力凸显，流程健全；诚信经营，鼓励创新，沟通顺畅，执行高效；企业富有责任感。那怎么才能做到以上这些标准呢？经专家学者研究发现，其中企业文化建设起着巨大的作用。

在新创企业中，创业团队的当务之急是研发产品或服务，抓紧时间抢占市场，所以创始人可能没把建设企业文化当作是创业阶段必须关注的要点。其实，成功的企业家在回顾他们创业经历时都有这样一种共同的体会，即经营企业文化有助于弘扬公司的核心价值观，使公司的经营理念得以贯彻，让公司成为员工理想的工作场所，成为更有前景的企业；凭借着充满人文关怀的企业文化，创业者和创业伙伴们会心甘情愿地为公司的发展奉献自己的心血与汗水；有文化的公司能让自己独树一帜，令人刮目相看；企业文化建设帮助公司吸引那些有助于你实现目标的员工加入。所以创始人一定要在公司新创之初就重视企业文化建设，而且要意识到企业文化建设不是一蹴而就的事，是一项需要逐步完善的事业，其中的大部分内容都是你和员工从长年累月的工作实践中提炼出来的精华。创始人的首要任务就是要保证文化建设与企业的工作流程及价值观是一致的。这样，假以时日，伴随着新创企业的成长，员工会逐渐认可：他们成功执行的经常性流程和优先事项就是他们工作的最佳方法。一旦如此，员工对流程的遵循和在优先事项方面的决策就不再是一种有意识的选择，而是变成了一种理所当然的行为，这些流程和价值观就会逐渐构建起新创企业的文化。

比如，在初创 FACEBOOK 的那段时期，扎克伯格倡导的企业文化是：快速行动，打破常规。他要求同事要经常停下来思考，在思考时，FACEBOOK 的创业团队发现在快速击破某个现有框架时，往往会产生出人预料的创新。因此，如果你认为万无一失比开拓创新更重要，那么你就不是 FACEBOOK 所需要的人才。

今天，越来越多的企业文化研究专家认为，企业文化是组织成员信仰的价值观及行为模式。麦肯锡前副总裁直截了当地说：企业文化就是企业做事的方式，它以创始人的信念、价值观与愿景为基础，加上组织演进过程中团队成员的学习经验而逐步完善，包括目标、思想、观念、语言、行为、沟通和成果等，是企业中最坚强的生命力。比如华为的企业文化信条就是：以奋斗者为根本。

所以，企业文化就是组织中隐性的人际规则，持续而广泛地塑造员工的态度和行为，因此它会影响人们在没有具体指令和规定时的行为，对企业至关重要。企业文化的发展与品牌建设息息相关。企业文化是企业形象的核心，他告诉我们自己和别人我们是谁，我们在世界上的位置，以及其他人如何看待我们。所以，领导者应该经常在员工中提问：

我们公司打算做什么？（愿景、使命和目标）

你打算如何实现这些目标？

你为了更快地实现这些目标可能会面临哪些可接受的风险？

当你必须权衡某些价值观时,哪些价值观优先？

你聘用、提拔、解雇有哪种行为的人？

当一家企业拥有强大文化时,员工对上述问题会给出一致答案并据此行动,整个团队将释放出巨大的能量,帮助组织构建强劲的增长驱动力。而创始人和首席执行官始终应该是企业文化的示范者,如果他们没有以身作则地践行企业文化,企业文化就会不可避免地被削弱。

所以说,企业创始人是企业文化的灵魂,决定着企业的个性(基因)。领导者要积极倡导并以身作则践行有效的价值观,体现出积极、乐观、努力进取、勇于创新、知错能改、与时俱进、终身学习、言行一致、兼具决心与毅力的精神,用共同愿景来确立正确的经营理念,然后激励员工在日常工作中用企业的价值观和经营理念来指导自己的行为。

新创企业除了要致力于建设优秀的企业文化,同时还要注意摒弃以下几种不健康的文化:第一,负向思维文化,让负能量的人尽快地离开创业团队;第二,站队、搞办公室政治、拉帮结派的文化;第三,故步自封、不求创新的文化;第四,盲目服从领导的文化;第五,领导只敢用比自己差的人的文化,导致公司人员像俄罗斯套娃一样,一个比一个差;第六,责权利不分的文化;第七,明哲保身的文化,因为企业对错误惩罚很重,所以员工缺乏冒险精神,不求有功但求无过;第八,本位主义文化,部门管理者只会管理好自己的地盘,不顾企业大局,没有牺牲小我成全大我的精神;第九,不承诺、不担当文化;第十,不注重细节的文化。

创业者应该意识到在那些没有文化，或者工作氛围差的公司里，领导人要把大量的时间都用在捍卫公司利益、阻止明争暗斗以及改进不完善的工作流程上。而拥有优秀企业文化、工作氛围好的公司，员工可以专心工作，人们相信只要工作出色，公司和个人都会受益。在这样的公司工作才会有真正的快乐。如果每个人早上一睁开眼睛就知道自己所做的工作是高效且有意义的，会使公司和自己发生改变，那么，大家在工作中就会既干劲十足，又有满足感。在这种情况下，领导者根本不需要告诉下属应该做什么以及为什么要那么做，每个人都会像创始人一样地积极主动地投入工作，这就是企业的最佳状态。

综上所述，新创企业创始人再忙也要重视企业文化建设，要通过使命宣言、规章制度、日常决策、典范和英雄、典礼和仪式、文化传播网络、教育训练、工作习惯、领导与管理者的以身作则和工作环境规划等形式来推广与实践。还可以通过明文规定，办公空间设计，行为模范的教学和指导，奖惩制度，公司创始人创业史，英雄人物事迹，传奇、神话，对危机的反应，组织结构设计，招聘、提升、解雇的准则等方式来传达。最后，企业可以通过员工反馈、问卷调查、座谈讨论、外界评价等手段来检查与考核企业文化建设的成果。

新创企业的文化建设要遵循全局化和长期性的基本原则，切忌"项目化"和"形式化"，应根据企业发展的不同时期和客观需要适当调整，甚至进行变革与创新。就像微软的文化（理想）是"改变世界、造福人类"，第一代创始人比尔·盖茨据此在20世纪70年代提出公司的愿景和目标是：让每个家庭，每张办公桌都有一台电脑。到了21世纪，第三代领导人萨提亚将公司使命进化为：重塑生产力，打造可以赋能他人的产品，帮助全球每一个人、每一个组织成就不凡。

企业文化建设的一般途径:树立愿景和共同价值观—将价值观故事化、仪式化并传递给员工—形成组织的认识共识与目标共识—形成企业独有的组织行为规范。没有一定时间的积累,一个优秀的企业文化(精神)是无法打造出来的。

本章总结

1.公司的执行力层面(全面质量管理)建设要从过程管理开始,目的是通过过程管理,实现组织想要的结果——既定目标和规划。而过程管理中有效沟通和开好高效的会议是两个重要的环节。

2.绩效考核的目标是通过持续的、动态的、双向的沟通,最终达到激励员工更积极主动更努力地工作、实现企业目标、提高企业经济效益、帮助员工改进工作以促进员工自身发展的目标,而不是组织处罚员工的手段和工具。

3.招才选将就是要把对的人请上车,人才盘点是要把不对的人请下车,而人才培育是要把合适的人培育成高绩效的人才。

4.领导力就是一种影响力,领导即是一种影响过程,是影响人们心甘情愿和满怀热情为实现组织目标而努力的艺术或过程。创业者要培养自己的卓越领导力,卓越领导力=(交易领导力+魅力领导力)×战略领导力。如果创业者仅仅有好的战略,但是没有充分展示领导的魅力,那么无法共启愿景,从而让员工奋力执行战略;如果你没有正值的战略领导力(战略领导力可能为负值)作为引导,领导的魅力就不会被用到恰当的地方去取得灿烂的胜利成果,激动人心的战略方向有时带给大家的是混乱的迷途。

5.一语概括企业文化就是:组织成员共同的做事方式。它是组织中隐性的人际规则,持续而广泛地塑造员工的态度、行为和优先选项,因此它会影响人们在没有具体指令和规定时的行为,对企业至关重要。

§ 第七章 §

创业中常见的误区及其防范措施

盲目进入自己不熟悉的行业，没有充分调研就行动

👁 案例导入

　　春都，曾经以"会跳舞的火腿肠"红遍大半个中国，市场占有率一度高达 70%，资产达 29 亿元。也许成功来得太容易了，经营者头脑开始发热，他们在较短的时间内迅速上马养殖、饲料、包装等传统项目，闪电出击医药、茶饮料、房地产等行业，投巨资，跨地区，收购、兼并扭亏无望的企业，使其经营范围涉及多个不同行业。多元化经营，造成产业毫无关联性，春都很快为此付出了惨痛的代价，负债累累，火腿肠的销量也直线下降，市场占有率狂跌至不足 10%。

　　（摘自葛基中，刘卫华.2008.夹缝中生存[M].上海：百家出版社.）

　　洞悉行业盈利模式和熟悉一个行业是初创企业踏上赢利之路的成功法宝，"不熟不做"是商场不败的法则，是进入新领域必须牢记的理念。俗话说"隔行如隔山"，进入一个自己不熟悉的行业，其困难程度是可想而知的。刚刚起步的创业者在很多方面经验不足，在这样的环境下，如果选择不熟悉的生意，无疑会给自己制造巨大的障碍。

　　虽然行业之间并不是不可跨越的,甚至还可能存在一定的共通性,但是每个行业都有其独特的规则和规律,这个门槛并非想象中那么低。在任何一个行业中,内行的钱是很难赚的,基本上都是内行赚外行的钱。如果对一个行业一窍不通,只是跟着市场上的潮流走,会增大创业的风险性,加上管理无法深入细致,这样很容易失败,从而成为别人的垫脚石。所以创业一定要坚持不熟不做的原则,对那些年轻的初创者而言这一点尤为重要。

　　每个行业都有它的可造性,没有一定会赔钱的行业。然而每个阶段的获利是不一样的,不要指望刚刚起步就能一夜暴富。如果看到一个行业很容易赚钱就急着介入,那么等到真正开始经营的时候也许竞争者已经将市场瓜分完了。在资本不够充裕,实力也不雄厚的时候,不要盲目涉足流行的新领域,有生命力的新生事物都要经过市场考验才得以生存下来,这期间需要花费大量的人力、物力、金钱,而市场占有率如何却是未知的,不是所有人都能承担这样的风险。

　　创业者最好集中精力从自己熟悉的行业做起,这样更有利于资本的原始积累和更加长远、稳固的发展。创业是以收益为第一位的,如果对一个行业熟悉,那么在做的过程中遇到难题时,就能自己解决,省去咨询别人的成本和风险,还能很好地预测以后的市场行情走势。同时,熟悉意味着在该行业已建立了人际网络,在生意往来和客源方面有一定的基础和保障。再加上对这个行业的资金周转率、应收账款情况、固定设备和流动资产投资额,对投资效益如何、最大费用在哪里都有一个比较完整清晰的认识,对可能遇到的问题、风险都有一定准备,能少走许多弯路。总之,创业时选择熟悉的行业,能有效规避风险,节省时间,减少行业的间距,有利于横向发展。

　　创业要在稳健中求发展，在做任何一项投资前都要仔细调研，自己没有了解透、想明白前不要仓促作决策。有很多人觉得自己创业失败是因为运气不好，事实上往往是因为离开自己熟悉的领域，涉足那些热门的、流行的领域想要"一夜暴富"。有些人看到网店红火就跟风在网上开店卖服装，想当然地认为自己绝对有实力做服装生意，但是等真正开起了服装店，却发现什么都不懂，尺码到底怎么划分、当下的流行款式是哪些等等都不了解，这怎么可能赚得到钱呢！

　　还是那句老话，生意本身是不分好坏的，只有适不适合，完全不熟悉的就不适合做。但如果把不做不熟的生意理解为墨守成规、不懂得创新就大错特错了。不熟不做，不是说不熟悉就不敢做，而是说要先熟悉了再去做，且这种熟悉不是全部熟悉，完全熟悉，而是至少对某一产业链的薄弱环节有大致了解，能够把握住总体的发展方向和赢利空间。在一个行业做熟之后就能掌握其规律和要领，再做其他类似的相关行业就有了变通的基础。那怎么洞察一个行业的赢利模式及其发展规律呢？可以从行业成长规律、行业价值规律和行业组织规律去着手。创业者要进入某一个行业，应该利用这三个规律来分析所要进入行业的发展阶段，分析行业的未来发展趋势，并结合自身的特点寻找适合自己的生态位置和生态对策，而不是简单地模仿或复制。总之，要根据自身经济实力和管理能力，寻找适合自身的切入点，在熟悉的基础上，慢慢将不熟悉变为熟悉。

　　无论选择哪种行业都要控制风险，投入的资金不要超过自己可以承受的范围。当进入一个新的行业时，要先进行详细的市场调研，判断在自己熟悉的基础上能够应用的经验比例有多高，完全生疏的行业是决不能涉足的。创业者首先要有一个清醒的头脑，先思考再行动；盲目进入自己不熟悉的行业，没有充分调查就行动,结果必然会失败。从熟悉的行业做起,能够少走许多弯路,对创业者来说是最明智的选择。

用错误的方式管理合伙人,缺乏管理合伙人的智慧

◉ 案例导入

现代人越来越重视食品安全与健康,刘佳的科技开发公司因此专门开发了一项用于清洁瓜果蔬菜中残留农药的产品。该产品技术成熟,市场前景广阔,但是刘佳的公司由于缺乏充足的资全,没有投入生产的能力。一位投资者对该产品的市场前景很看好,决定投入资金同刘佳合作开发。刘佳拿到资金后马上开始生产,然而,当大批新产品生产出来后,却出现了一个问题:投资者和刘佳在市场运作方式上产生了严重的分歧,投资者认为自己投入了资金,刘佳必须按照自己的要求做;而刘认为投资者不了解市场,坚持自己的看法。双方长期争执不下,投入的资金都打了水漂,刘佳的公司也以倒闭告终。

(摘自阳飞扬.2011.从零开始学创业[M].北京:中国华侨出版社.)

创业者独自在商场拼搏难免会感到势单力薄,尤其是对于初次创业的人来说,资金不足、核心技术短缺、管理经验匮乏,都会降低成功的可能性。因此,选择几个好的合伙人共同创业成了非常重要的选择。合伙创业能够增强实力,降低创业的风险,还可以通过优势互补,从一个较高的起点开始运作。但是

如果不能科学有效地管理合伙人，不但达不到 $1+1>2$ 的效果，还会因合伙人之间的纠纷而分割、削弱企业实力。

在合伙人的管理上，创业者常常会犯 3 种错误：

1.选择弱小的合伙人，过度迷恋主导权

很多创业者惧怕实力强大的合伙人，担心最后的主导权会落在合伙人手里，自己有被吞并的危险，为了能够得到公司的主导权，往往偏向于选择实力相对弱小的合伙人。这样虽然有着做决策人的痛快，却也要承担更多的风险。

没有人想被别人牵着走，在合作中每一方都希望能够主导项目的进行，但是并不是谁都能够掌握主导权的。合作关系到双方甚至多方的利益，掌握决定权的那一方必须要承担更多的责任。如果不具备一定的实力是没有办法肩负这样的重任的。如果一味地想当"老大"而忽视了合作的基本要求，当公司出现问题时，弱小的合作者无法提供及时和有力的帮助，最后造成的损失可能更大。

2.不经过仔细调查，草率决定合作伙伴

无论面对多么诱人的商机，创业者都必须冷静和理智。创业者不要因为急于发展，没有事前仔细调查合作伙伴的背景、信誉、实力，为今后合作埋下了隐患。因此创业者对合作伙伴一定要进行详细深入的调查，合伙人的实力、其经营是否合规、口碑评价如何等因素都是必须要考量的。在知根知底的情况下合作，才能减少投资风险。

3.尚未达成共识，急于合作

作为合伙人，有参与产品运营决策的权利。投入资金、技术、人力的任意一方都应该尊重其他的合伙人，不能独断专行。因此，在实施具体行动之前，要达成共识，对具体细节有明确的规划。意见和分歧应该在事前协调解决，否则等到工作进行了一半时出现矛盾和纠纷,损失和失败将不可避免。

合伙的重要前提是取长补短,共同进步,如果不能管理好与合伙人之间的关系,必然会激化矛盾,造成两败俱伤。在共同合作时,应该遵循以下原则:

(1)推行民主化管理。凡是参与合伙的人都是整个项目的一分子,都有知情和参与经营管理的权利。因此在管理时不能因为合伙人投入的不同而有所歧视和区别对待,要尊重合伙人的意愿,在民主的基础上达成共识。

(2)保持战略眼光。合伙人之间是合作互利的关系,而不是竞争对手。要用战略眼光去看待合伙关系,不要因为一点分歧和矛盾影响了合作。只有同合伙人之间保持融洽的关系,才有利于实现双赢或多赢的局面,促进合作的成功。

(3)优化资源配置。合伙的目的就在于取长补短,增加总体实力。要发挥各方的优势,去弥补各自的劣势。如果不能有效地配置资源,合伙的结果很可能比单打独斗时还弱。因此,要认清各方的优势劣势,实现资源的优化配置。

总之,错误的管理方式只会削弱各方力量。只有掌握了正确的管理合伙人的方式和方法,才能增强总体实力。

忽视与投资相关的环境

◉ 案例导入

老同学的孩子厦门林先生看到厦门特产——馅饼销售火热、每家饼店外面都有大批排队等待买饼的游客,于是打算自己开一家馅饼店。他投入大笔资金进行店面装修、购买技术、办理营业执照、聘请员工等。当一切筹备妥当后，信心满满的林先生准备大赚一笔。可开张后却发现生意并不如预期的好，后来一打听，原来是附近居民区开始拆迁，客源骤减，开业两个月一直在赔钱。林先生本想再坚持一段时间，可没多久发现附近的店面基本都关门了，没有改善措施的林先生也只能把店关了。

管理学上有一个 PESTELE 分析模型，帮助创业者从战略上检验其外部宏观环境，影响企业的主要外部环境包括政治（political）、经济（economic）、社会/人口（social/demographic）、技术（technological）、环境（environmental）/自然（natural）、法律（legal）和道德（ethical）因素。环境的影响力对初创企业是极大的，珍贵的种子无法在贫瘠的土地上开花结果，如果没有好的环境，再好的项目也一样无法取得成功。创业者必须要调查与投资相关的环境是否有利。有了良好的投资环境，创业过程将轻松容易许多。相反，如果投资环境恶劣，创业者将寸步难行。

创业者往往认为只要有好项目在手，其他因素都不会有太大影响，须知忽视与投资相关的环境将会为创业制造巨大的阻碍。案例中的林先生就是没有对客观的投资环境进行仔细分析，导致好的项目得不到有效的实施。对创业者来说，与项目相关的地理位置、自然环境、自然资源、基础设施建设作为硬环境都是必须要关注的因素，如果忽视它们的作用，就会埋下失败的隐患。另外，像地方政策、科技环境、法律环境等软环境也是极为重要的关键因素。那么创业者要如何选择合适的投资环境呢？

1.根据客观事实综合选择

投资环境评价要依据客观事实,综合评定区域内的优势与劣势。不能从主观上希望这个环境好或者认为这个环境合适就急于下定论。某些环境从某一方面看来很合适,创业者就想当然地认为整个环境都有利于创业,等到具体实施后才发现环境中存在很多不利因素,导致创业进程遇到阻碍或停滞。投资环境不能仅从一方面选择,投资环境的构成要素既有宏观方面的也有微观方面的,既有地形、道路、气候等硬件方面的,也有民俗、政策、文化、法律法规等软件方面的,因此必须综合整体地选择。

2.根据支出比重大的因素选择

不同创业项目的重要支出因素都是不同的,对投资环境的要求也不尽相同。因此创业者要先确定自己的项目中所占比重较大的因素,然后有的放矢地选择合适的投资环境。创业活动的本性是收益和增值,它是创业者所最终追求的目标,而根据支出比重大的因素选择投资环境能够增强赢利性。如以劳动力支出为最大比重的,就选择劳动力数量密集、价格较低的环境;以运输支出为最大比重的,就选择交通便利、道路良好的环境;以原料支出为最大比重的,就选择原材料产地或者价格相对较低的环境。

3.根据实效比较选择

投资环境并不是一成不变的,是在不断地发展变化的。投资环境可能今天是有利的,明天可能就是不利的了。投资环境各个要素的评价标准也不是固定的。另外,不同的投资项目即使是在同样的投资环境下,所产生的效果也是不同的。

林先生失败的原因就在于盲目投资,事先没有做好投资环境分析,在投资环境转向不利的形势下依然投资开店,从而导致失败。因此,创业前对投资环境进行理性且全面的分析尤为重要。创业是风险与利益共存的事业,哪种环境适合做哪种项目,需要冷静对待。

花钱不合理,没有坚持"现金为王"

👁 案例导入

> WT. Grant 是美国最大的商业企业之一,1975 年宣告破产,而就在它破产的前一年,它的银行贷款达 6 亿美元,经营活动提供营运资金 2000 多万元,营业净利润有近 1000 万美元。就在 1973 年,WT. Grant 公司股票的价格仍按其收益 20 倍的价格出售。面对这样一家庞大企业的破产,很多人都非常惊讶。其实该企业破产的原因就在于,虽然有高额的利润,但是早在 5 年前,该公司的现金流量净额就已经出现了负数,由于公司的现金不能支付巨额的生产性支出和债务费用,最后导致公司"成长性破产"。
>
> (摘自阳飞扬.2011.从零开始学创业[M].北京:中国华侨出版社.)

随着人们观念和市场环境的变化,自主创业成了许多人的选择。然而在雨后春笋般建立起来的企业中,能够存活下来的并不多。其中很重要的原因就在于花钱不合理,在企业遇到难关时没有可以周转的现金,所以无论企业规模如何,利润多大,做好现金流管理,企业才有生存的基础。

现金流是指企业在一定会计期间按照现金收付实现制,通过一定经济活动而产生的现金流入、现金流出及其总量情况的总称。从产品的市场调研到售后服务的整个过程，任何环节都与企业的现金流交织在一起。现金流管理是现代企业理财活动的一项重要职能。加强现金流管理是企业生存的基本要求，它可以保证企业健康、稳定地发展并且可以有效地提高企业的竞争力。

现金流管理中的现金，不是人们通常所理解的手持货币，而是指企业的库存现金和银行存款，还包括现金等价物。每个企业都有其各自的不同发展阶段，所以现金流的特征也都不尽相同。根据企业在不同阶段经营情况的特征，企业管理者应该采取相应措施，这样才能够保证企业的生存和正常的运营。

企业的管理者必须懂得现金流的重要性，现金循环有两种表现：一是短期现金循环，另一种是长期现金循环。无论哪一种，当产品或服务的价值实现而产生现金流入时，都要重新在新一轮循环中参与不同性质的非现金转化，由于存在这样的过程，企业现金流往往是不平衡的。假如收入是流水性的、以天为单位的，支出是间断性的，几天、几个月才支出的话，企业的日子就会好过。但是在现实中，很多企业差不多都是反过来的——收入是间隔性的，支出是流水性的：电话要天天打，房租水电费要月月付。这样企业就很累了。假如忽视了现金流的潜在危险，那么就会给企业的生存带来致命的影响。

那么企业管理者应该如何管好现金流，使它的支出和收入保持相对平衡并有盈余呢？这里给创业者以下几条建议：

（1）培养运营团队的现金流管理意识。创业者必须具备足够的现金流管理意识，从企业战略的高度来审视企业的现金流管理。

（2）建立现金流管理制度，使企业可以通过制定定期的管理报告、预算与预算控制报告来对现金管理进行及时的反馈，做出相应的调整。

（3）要对现金流进行强有力的实时控制，建立相应组织机构，加强现金流量的监督与管理。即从一个项目开始就进行策划、定位，然后从总量、分项进行控制。公司财务部门只是一个方面，还要有审核部门进行成本把关。

（4）建立以现金流管理为核心的管理信息系统。将企业的物流、信息流、工作流、资金流等集束在一起，从而使得管理者可以准确、及时地获得各种财务、管理信息。

事实上，现金流之于企业，就如同血液之于人体毛细血管，必须要有心脏的起搏功能来支持，才能使血液遍布全身。在企业内部，沟通也好，管理也好，制度必须是明确和强制的。仅靠想入非非是不行的，要有全面的预算，让企业全面的工作计划与现金流相衔接。如果计划不周全，就可能把现金流拉断，最终导致企业难以为继。在现实生活中，企业倒闭在"蓝色报表"（财务报表中蓝色数字代表的是盈利，红色代表亏损）上的案例比比皆是。

错误的时间做正确的事

◉ 案例导入

1931 年，美国著名企业家哈默从苏联回到美国。这时，美国正在进行总统换届选举，哈默通过深入分析，认定罗斯福会获胜。哈默知道，罗斯福喜欢喝酒，他一旦竞选成功,1920年公布的禁酒令就会被废除。到那时,威士忌和啤酒的生产量将会十分惊人,市场上将需要大量的酒桶用以装酒,这里面蕴藏着巨大商机。用来制作酒桶的木材非一般木材,而是经过特殊处理的白橡木。哈默在苏联生活多年,他知道苏联盛产白橡木。于是,立即决定返回苏联去订购白橡木板。

哈默将这些木材运到美国,并在纽约码头附近设立了一间临时的酒桶加工厂,作为应急储备。同时,他在新泽西州建造了一个现代化的酒桶加工厂,取名哈默酒桶厂。哈默酒桶厂开业的时候,禁酒令尚未解除,所有人都觉得他是傻子。然而,当哈默的酒桶生产线日趋成熟的时候,罗斯福总统下令解除了禁酒令。人们对威士忌的需求急剧上升,各酒厂的生产量随之直线上升,但问题是需要大批酒桶来储存,而此时,哈默早已给酒厂准备好了大量酒桶。生产酒类的厂家有许多,而大规模生产酒桶的工厂却"只此一家",哈默酒桶厂的赢利远远超过了酒厂。

(摘自阳飞扬.2011.从零开始学创业[M].北京:中国华侨出版社.)

创业的时机在很大程度上决定了创业的成败与否,可以说创业本身并没有正确错误之分,错误的只是时机而已。如果在正确的时间做正确的事,创业必定事半功倍;如果在错误的时间做正确的事,创业必定失败无疑。掌握了创业的时机,就掌握了打开创业成功大门的金钥匙。

领先变化,就要有远见,要能够准确地判断未来的趋势,就要在这些趋势发生之前先做好准备。用前瞻性的眼光和决策来领先变化,是企业领导者的卓越能力之一。在企业发展中,只有领先变化,才能使企业走在时代的前列,才能在变化和竞争中屹立不倒。然而创业者要意识到，领先变化是在准确预估趋势、评价市场环境的前提下进行的。

虽然对创业者来说"快"很重要，但是太快不见得是好事。在市场需求并不充分的时候，早早出现的"先行者"因为在错误的时间做了正确的事，不但无法引领潮流，还会成为在市场上壮烈牺牲的先驱。试想一下，如果罗斯福总统依旧实行禁酒令，哈默的做法一定会带来巨大的损失。所以，快速必须要以周密调研、综合分析、把握时机为前提。

在不恰当的时机创业，将会使初创企业成为创业道路上的"早产儿"。纵观世界企业发展史，很多创业者虽以失败告终，但错误并不在于他们所做的事，大多数想法在若干年之后被证实是可行的。失败的原因就在于没有选择正确的时间做正确的事，过于超前的想法在当时尚不成熟健全的环境下是无法实现的，要知道创业不是有了好的想法找到合适的项目就能坐等赚钱了，只有把握正确的时机，好项目才能如虎添翼，否则只会寸步难行，成为倒在沙滩上的"先驱"。

花大本钱买流量来获得客户

◉ 案例导入

樊登读书从创立至今，几乎没有花钱买过流量。之所以用"几乎"这个词，是因为樊登一开始也走过弯路，尝试花钱买了一次流量，但是效果很差。流量有真假之分，假流量只是一个数据，买假流量纯粹属于自我欺骗，对品牌没有任何帮助，即便有真流量进来，在发现你的产品或服务并不过硬之后，很快也会流失，你根本没有变现的机会，这是一种"虚假繁荣"。

有了这次教训之后，樊登读书再也没有干过"买流量"这样的傻事，所有的流量都是从线下往线上一点一点地带。怎么带？一切要回归产品或服务的本质，你必须做出一个又一个能让客户尖叫的产品，只有让客户尖叫了，他才会心甘情愿帮你带来其他客户，这样的流量才有意义。

（摘自樊登.2019.低风险创业［M］.北京：人民邮电出版社.）

在互联网行业，从业人员都把 2019 年当作是互联网的分界点，在 2019 年之前的 20 年被称为互联网的上半场，也称消费互联网。在这一时期，互联网行业乘着中国改革开放的春风，携带着中国的人口红利，爆发出天量的流量，甚至有人宣称"流量就是一切商业的本质"，仿佛拥有流量就有一切。而期间也确实出现了一些因流量、短视频、直播、网红种草而一夜暴富的"神话"，从而更让"流量为王"的神话牢不可破，好像只要抓住每一次的流量红利，不管是个人还是企业，都会取胜。

进入 2020 年，中国两个红利时代结束了，首先人口红利结束了，很多行业进入存量博弈；其次，流量红利结束了，流量成本持续上升，流量天花板开始出现。产能过剩，存量博弈，意味着我们正进入消费者主权时代。

互联网有个基本公式：GMV（成交总额）＝流量×转化率×客单价×复购率。从这个公式，我们可以看出在电商领域，新创企业能否真正赚钱取决于公司自带流量的比例，因此有些新创企业不惜花费巨资去购买流量，导致通过流量获取客户的成本越来越高，而一些不良的互联网平台运营商更是利用平台的优势或垄断地位坐地起价,如果你不付钱,可能客户在网上连你的名字都搜不到,这就是上海华与华营销咨询公司董事长华彬先生所痛斥的"流量勒索":商家为了获得客户就要去平台购买流量,结果发现自己被互联网平台牵着鼻子走,平台一再涨价,公司辛辛苦苦赚来的钱最后刚够买流量。所以,不管是华彬还是樊登,还是分众传媒董事长江南春,都疾呼互联网创业公司可以买广告,但一定不要去买流量。

江南春在其《人心红利》(2021)一书中强调,进入消费者主权时代,特别是经过 2020 年新冠肺炎疫情,大家更清楚地认识到:只有品牌力才是企业的免疫力,才能够帮助企业度过危机。创业者一定要清醒地认识到,你认为自己是什么并不重要,重要的是你的企业在消费者心智中是什么才是关键,商战的根本是打赢消费者的心智之战(赢得人心)。

面对消费者,每一个品牌都必须回答一个问题:如何用一句简单的话说出自己的与众不同,说出让消费者选择自己而不是竞争对手的理由。这就是新创公司的品牌战略。管理大师彼得·德鲁克说,企业只有两个功能:一是创新,创造出差异化的产品或服务;另一个是营销,通过打造品牌成为用户心目中的首选。一个优秀的品牌战略,一定要同时满足三点:既能体现产品的优势点,又能反映产品与竞品的重大差异点,更能弥补消费者的需求痛点。所以找准公司的品牌定位,考验的可能是企业家的智力;而打造一个成功的品牌,考验的更是创业者的心力。只有那些有真正好产品,找到品牌的差异化价值,并抓住时间窗口,在传播上持续投入引爆(通过某个强有力的传播媒介,以深入人心的广告语,让品牌在短时间内被消费者所感知),在渠道和用户运营活动上不断投入优化的公司,才能赢得品牌战略的胜利,赢来量价齐涨。

重情义，轻管理

◉ 案例导入

有一个好朋友非常有钱，为人又相当豪爽仗义，因为平时应酬多，就和几位老同学开了一家海鲜酒楼，他只是出资当老板，酒楼让同学来管理，没想到一年亏了2000万，连续亏了好几年，一个人再有钱，也禁不住这样亏下去，最后只好忍痛关门歇业。歇业盘点时才发现，几个老同学把酒楼当自家食堂，自己平时的吃喝拉撒全部在店里记账报销，还把很多亲戚朋友安插进来上班甚至负责采购、收银等重要工作，这些人内外勾结，不仅虚报采购价，有时现金收款还直接落入收银员的口袋。在这种情况下，高风险才是常态，而且永无止境，赚钱反倒属于意外了。

管理是创业成功中很重要的部分，如果不能有效地管理，就算有了良好的创业基础，企业也无法长远发展。中国人历来注重人情，很多人在创业过程中偏向于将亲戚朋友放在重要的职位，而不管他们是否适合。不可否认，身边人的支持对创业的成功有着不可忽视的作用，但是如果只注重情义和血缘关系，将会导致企业管理的混乱。

任人唯亲会使管理者偏听偏信，无法正确判断企业内部事务。根据关系的远近而不是贡献的大小分配利益或安排职务，那么有才能的员工会得不到相应的报酬或看不到成长的空间，直接结果就是企业人才流失甚至无人可用。企业仅仅靠情义无法留住人才，也没办法取得长远的发展。从客观上说，在创业初期，经济实力、工作环境、人际网络等方面均有不足，无法吸引社会上的一些优秀人才加盟，因此选择亲友是相对节省成本的选择。更多的人是从主观上认为亲戚朋友比起"外人"更可靠、值得信任，选择他们担当公司重要职位比较放心。但是必须要清楚，过于重视情义会阻碍科学有效的经营管理，在企业做大之后，将会引起内部分配的混乱和安置的不公平，甚至会使好不容易建立起来的企业毁于一旦。

"桃园结义"的佳话虽然广为流传，但是并不是所有人都能够对你的创业产生积极的促进作用，兄弟、同学、朋友间以怨报德、反目成仇的事情并不鲜见。情义固然重要，但是和管理是两回事，创业者要有清醒的头脑，理智对待企业管理。

首先要做的是减少家族式、朋友式管理的负面影响。创业初期由于条件的限制加上企业稳定的需要，没必要也不可能将朋友式、家族式的管理模式全盘否定。在相当长的一段时期内，朋友式、家族式的管理模式还是创业者的首选。但创业者本身要有一个清醒的认识，对普通员工和亲戚朋友要一视同仁，不偏听偏信，要根据才能分配职位，不因人设岗，利益分配时要依据贡献大小，保证公正公平。

其次就是建立有效的管理机制。家族式、朋友式管理的弊端就在于没有健全的机制，根据主观判断而不是客观事实来管理人。创始人要建立一套有效的管理机制，这样既能够避免浪费时间和精力，也能够科学管理。没有制度意识，以人情代替制度，管理中必然存在疏忽和漏洞，也容易因为意见的分歧造成亲人朋友间的不合。有了良好的制度建设，还要注重制度的实施和管理，如果不能落实，再好的制度也只能是一纸空文。

最后要建立科学的用人机制。用人唯贤不唯亲，将个人的能力和德行作为考量标准，而不是依据关系的亲疏远近，只有选择、任用、培育优秀的员工才能有优秀的企业。要敢于授权和放权，不要只想着把权力集中在"自己人"的手里，大胆起用适合的管理人员。重视人才、充分挖掘人才、主动培养人才，这样不仅能找对人、用对人，还能留住人。当然，如果亲近的人能力突出，也不用一味地排斥，不搞特殊化，公平公正地对待即可，让他们也有发挥自己能力的空间。

贪大冒进，赌性代替了实干精神

◉ 案例导入

> 小张想要自己创业，因为之前做过内衣店店员，她选择了做内衣代理销售。不想"小打小闹"的小张，通过银行贷款筹集了一大笔资金，开了一家很大的内衣专卖店。然而，由于没有经营经验，小张对于具体如何运营不了解，很快就遭遇了很大的麻烦。小张代理了不少品牌，购进了大批货物，但是除了自己的店铺找不到分销渠道，每天店内的销售量很有限，因此出现了产品滞销的情况，昂贵的店租、员工的工作加上垫付的货款，市场销售又一直没有出现好转，没多久，小张的资金就开始见底了。

（摘自阳飞扬.2011.从零开始学创业［M］.北京：中国华侨出版社.）

提及小生意，许多创业者，特别是年青一代可能不屑一顾，尤其在这个几乎每个人都想快速致富的时代,小生意的慢性积累似乎不能让人容忍。翻翻杂志,看看报纸,尤其是进入互联网时代,大家都在寻找能快速致富的项目。不少创业者的眼睛更多地停留在了那些声称一夜暴富的夸大的新闻上面,其内心深处期待的是哪个项目能让自己一年赚上几十万、几百万甚至上千万,然而,事实却是,创富神话大多只是天方夜谭,即使存在少数成功故事,更多的还是不为人知的折戟沉沙的失败案例。

创业要从一种最简单的模式起步,在符合自身核心竞争力的细分市场深耕,经过不断的积累、磨炼,才能最终开创大场面。创业者贪大有两个含义:一是贪规模。尽管在创业刚起步阶段,仍因好面子而将摊子铺大;二是贪大利。在很多创业者眼里,小利润从来都看不上眼,认为只有捕捉到鲸鱼才是真正的出海。殊不知,以新创企业那么小的实力,即使是捕捉到鲸鱼,也有可能被压垮。

其实只要稳扎稳打,小利照样能够赢得巨额利润。积跬步,可以至千里;积小流,可以成江海。在创办新事业的过程中,"一夜暴富""一口吃成胖子"的梦想往往难以实现。利润的薄厚不是关键,关键在于企业能否长久赢利,因此,新事业要轻装上阵,从小利开始做起,莫要让追求厚利压垮了自己。

创业者都希望成就一番大事业,这种激情可以说是促进创业者不断奋斗前行的澎湃动力。公司要发展缺乏动力万万不能,然而很多创业者却被这种激情冲昏了头脑,一味地追求规模和速度,成为机会主义者。看到某个"一夜暴富"的机会就认为自己有能力有水平去搏一搏,这种赌徒心态最终将导致初创企业一败涂地。

一口吃不成大胖子,赌性代替实干精神的大部分结果只能是失败。很多创业者在创业时赌博似地把大笔资金投入高风险项目,想通过放手一搏直接到达成功的彼岸。然而,赌场中没有永远的赢家,生活中的赌徒基本上都倾家荡产,同样的,创业时的赌性也会导致不可挽回的局面。成功没有捷径,脚踏实地才能提高创业成功的概率。在创业初期,不根据自身的实际情况,盲目地追逐规模和速度,必然不能考虑全面周到。正确的做法是对自己的发展方向有一个明确的定位,不打无准备之仗,脚踏实地地推进自己的计划,而不能把希望寄托在放手一搏上,同时,不能一味贪大,必须要培养自己的实干精神。

创业首先要从小处入手,不铺大摊子。创业初期,资金和经验都十分有限,因此不要太早做发达梦,避免盲目铺开大摊子。如果不顾自己的实际情况,一味地贪图大规模,但是自己又驾驭不了,就容易陷入意想不到的困境,最终导致失败。须知小生意并不意味着没有发展潜力,不要小看小生意,很多知名的大集团都是从小生意做起来的。小生意的门槛较低,对想要创业的人来说,从小生意入手是十分明智的选择。如果经营得好,从中能够积累经营和管理经验,从而就有了成就大生意的基础。从小生意中得到大收益的例子数不胜数。浙江省义乌市的小商品市场经营的都是跟人们日常生活息息相关的小物件,价格低廉,然而因鲜明的特色成为中国小商品最大的集散基地,客流量数以百万计。无独有偶,美国的刷子大王艾富赖德·弗勒也是从经营8美分一把的小刷子起家最终成为巨富的。因此,不要因为生意小就觉得没有发展前景,只要经营得当,小生意也能赚大钱。樊登老师说过:"一百万做不成的生意,大概率是一千万也做不成。"

其次,实干不等于苦干。如果把实干理解为毫无目的地埋头苦干可就错了。创业不会是一帆风顺的,困难和磨砺都是必经的阶段,想要成就一番大事业就要先做好吃苦的准备。但是有吃苦的意识不代表就要对所有困难"逆来顺受",在不确定目标和方法之前的苦干不值得提倡,既然有的苦是可以避免的,就没有吃苦的必要。创业者要主动地寻找行业内的诀窍,事前做好准备以规避可能的风险,不要以为蛮干苦干就能成功,实际上成功是有方法可寻的。创业者不能有"没有功劳也有苦劳"的观念,市场是残酷的,没有功劳就没有人承认苦劳的价值。成功的创业者懂得踏实肯干的重要性,更懂得高效和借力,有效地利用资源,所以他们成长的速度才能比别人快,比别人稳。

最后,创业者如果能把握住机遇,成功的可能性就会增加,但是要知道,把握机遇绝不等于赌博。在管理上、创业决策上不依靠理智的决定而是依靠赌性,就无法对眼前的实际情况有清醒的判断,就算机遇降临也没办法把握住。创业者需要的是科学决策,凭借自身实力和经验的积累,再加上团队的力量和智囊团的出谋划策去获取机会;而不是在没有任何实力支撑的情况下靠一次运气去取得成功。

总之,创业初期,创业者不要贪大,不要盲目追求扩大规模,想要做"大"必须先做"强",在夯实了地基之后,才能建起稳固的摩天大楼。

§ 附录一 §

国务院关于深化"证照分离"改革
进一步激发市场主体发展活力的通知
国发〔2021〕7 号

各省、自治区、直辖市人民政府,国务院各部委、各直属机构:

开展"证照分离"改革,是落实党中央、国务院重大决策部署,深化"放管服"改革、优化营商环境的重要举措,对于正确处理政府和市场关系、加快完善社会主义市场经济体制具有重大意义。为深化"证照分离"改革,进一步激发市场主体发展活力,国务院决定在全国范围内推行"证照分离"改革全覆盖,并在自由贸易试验区加大改革试点力度。现就有关事项通知如下:

一、总体要求

(一)指导思想。以习近平新时代中国特色社会主义思想为指导,全面贯彻党的十九大和十九届二中、三中、四中、五中全会精神,持续深化"放管服"改革,统筹推进行政审批制度改革和商事制度改革,在更大范围和更多行业推动照后减证和简化审批,创新和加强事中事后监管,进一步优化营商环境、激发市场主体发展活力,加快构建以国内大循环为主体、国内国际双循环相互促进的新发展格局。

(二)改革目标。自 2021 年 7 月 1 日起,在全国范围内实施涉企经营许可事项全覆盖清单管理,按照直接取消审批、审批改为备案、实行告知承诺、优化审批服务等四种方式分类推进审批制度改革,同时在自由贸易试验区进一步加大改革试点力度,力争 2022 年底前建立简约高效、公正透明、宽进严管的行业准营规则,大幅提高市场主体办事的便利度和可预期性。

二、大力推动照后减证和简化审批

法律、行政法规、国务院决定设定(以下统称中央层面设定)的涉企经营许可事项,在全国范围内按照《中央层面设定的涉企经营许可事项改革清单(2021 年全国版)》分类实施改革;在自由贸易试验区增加实施《中央层面设定的涉企经营许可事项改革清单(2021 年自由贸易试验区版)》规定的改革试点举措,自由贸易试验区所在县、不设区的市、市辖区的其他区域参照执行。省级人民政府可以在权限范围内决定采取更大力度的改革举措。地方性法规、地方政府规章设定(以下统称地方层面设定)的涉企经营许可事项,由省级人民政府统筹确定改革方式。

(一)直接取消审批。为在外资外贸、工程建设、交通物流、中介服务等领域破解"准入不准营"问题,在全国范围内取消 68 项涉企经营许可事项,在自由贸易试验区试点取消 14 项涉企经营许可事项。取消审批后,企业(含个体工商户、农民专业合作社,下同)取得营业执照即可开展经营,行政机关、企事业单位、行业组织等不得要求企业提供相关行政许可证件。

(二)审批改为备案。为在贸易流通、教育培训、医疗、食品、金融等领域放开市场准入,在全国范围内将 15 项涉企经营许可事项改为备案管理,在自由贸易试验区试点将 15 项涉企经营许可事项改为备案管理。审批改为备案后,原则上实行事后备案,企业取得营业执照即可开展经营;确需事前备案的,企业完成备案手续即可开展经营。企业按规定提交备案材料的,有关主管部门应当当场办理备案手续,不得作出不予备案的决定。

（三）实行告知承诺。为在农业、制造业、生产服务、生活消费、电信、能源等领域大幅简化准入审批,在全国范围内对 37 项涉企经营许可事项实行告知承诺,在自由贸易试验区试点对 40 项涉企经营许可事项实行告知承诺。实行告知承诺后,有关主管部门要依法列出可量化可操作、不含兜底条款的经营许可条件,明确监管规则和违反承诺后果,一次性告知企业。对因企业承诺可以减省的审批材料,不再要求企业提供;对可在企业领证后补交的审批材料,实行容缺办理、限期补交。对企业自愿作出承诺并按要求提交材料的,要当场作出审批决定。对通过告知承诺取得许可的企业,有关主管部门要加强事中事后监管,确有必要的可以开展全覆盖核查。发现企业不符合许可条件的,要依法调查处理,并将失信违法行为记入企业信用记录,依法依规实施失信惩戒。有关主管部门要及时将企业履行承诺情况纳入信用记录,并归集至全国信用信息共享平台。

（四）优化审批服务。对"重要工业产品（除食品相关产品、化肥外）生产许可证核发"等 15 项涉企经营许可事项,下放审批权限,便利企业就近办理。对"保安服务许可证核发"等 256 项涉企经营许可事项,精简许可条件和审批材料,减轻企业办事负担。对"会计师事务所设立审批"等 140 项涉企经营许可事项,优化审批流程,压减审批时限,提高审批效率。对"海关监管货物仓储审批"等 18 项设定了许可证件有效期限的涉企经营许可事项,取消或者延长许可证件有效期限,方便企业持续经营。对"互联网上网服务营业场所经营单位设立审批"等 13 项设定了许可数量限制的涉企经营许可事项,取消数量限制,或者合理放宽数量限制并定期公布总量控制条件、企业存量、申请排序等情况,鼓励企业有序竞争。同时,各地区、各部门要积极回应企业关切,探索优化审批服务的创新举措。

三、强化改革系统集成和协同配套

(一)实施涉企经营许可事项清单管理。按照全覆盖要求,将全部涉企经营许可事项纳入清单管理,并逐项确定改革方式、具体改革举措和加强事中事后监管措施。清单实行分级管理,国务院审改办负责组织编制中央层面设定的涉企经营许可事项清单,省级审改工作机构负责组织编制地方层面设定的涉企经营许可事项清单。清单要动态调整更新并向社会公布,接受社会监督。清单之外,一律不得限制企业进入相关行业开展经营。各地区、各部门要对清单之外限制企业进入特定行业开展经营的管理事项进行全面自查清理,对实施变相审批造成市场分割或者加重企业负担的行为,要严肃督查整改并追究责任。

(二)深化商事登记制度改革。持续推进"先照后证"改革,推动将保留的登记注册前置许可改为后置。开展经营范围规范化登记,市场监管部门牵头编制经营范围规范目录,为企业自主选择经营范围提供服务。经营范围规范目录要根据新产业、新业态的发展及时调整更新。市场监管部门应当告知企业需要办理的涉企经营许可事项,并及时将有关企业登记注册信息推送至有关主管部门。企业超经营范围开展非许可类经营活动的,市场监管部门不予处罚。有关主管部门不得以企业登记的经营范围为由,限制其办理涉企经营许可事项或者其他政务服务事项。在自由贸易试验区试点商事主体登记确认制改革,最大程度尊重企业登记注册自主权。

(三)推进电子证照归集运用。国务院有关部门要制定完善电子证照有关标准、规范和样式,2022 年底前全面实现涉企证照电子化。要强化电子证照信息跨层级、跨地域、跨部门共享,有关主管部门应当及时将电子证照归集至全国一体化政务服务平台、全国信用信息共享平台、国家企业信用信息公示系统,有关平台和系统要加快建设全国统一、实时更新、权威可靠的企业电子证照库。要加强电子证照运用,实现跨地域、跨部门互认互信,在政务服务、商业活动等场景普遍推广企业电子亮照亮证。凡是通过电子证照可以获取的信息,一律不再要求企业提供相应材料。

四、创新和加强事中事后监管

(一)适应改革要求明确监管责任。要落实放管结合、并重要求,按照"谁审批、谁监管,谁主管、谁监管"原则,切实履行监管职责,坚决纠正"以批代管""不批不管"问题,防止出现监管真空。直接取消审批、审批改为备案的,由原审批部门依法承担监管职责。实行告知承诺、优化审批服务的,由审批部门负责依法监管持证经营企业、查处无证经营行为。实行相对集中行政许可权改革或者综合行政执法改革的地区,按照省级人民政府制定的改革方案确定监管职责、健全审管衔接机制。坚持政府主导、企业自治、行业自律、社会监督,压实企业主体责任,支持行业协会提升自律水平,鼓励新闻媒体、从业人员、消费者、中介机构等发挥监督作用,健全多元共治、互为支撑的协同监管格局。

（二）根据改革方式健全监管规则。国务院有关部门要根据涉企经营许可事项的改革方式,分领域制定全国统一、简明易行的监管规则,建立健全技术、安全、质量、产品、服务等方面的国家标准,为监管提供明确指引。直接取消审批的,有关主管部门要及时掌握新设企业情况,纳入监管范围,依法实施监管。审批改为备案的,要督促有关企业按规定履行备案手续,对未按规定备案或者提交虚假备案材料的要依法调查处理。实行告知承诺的,要重点对企业履行承诺情况进行检查,发现违反承诺的要责令限期整改,逾期不整改或者整改后仍未履行承诺的要依法撤销相关许可,构成违法的要依法予以处罚。下放审批权限的,要同步调整优化监管层级,实现审批监管权责统一。

（三）结合行业特点完善监管方法。对一般行业、领域,全面推行"双随机、一公开"监管,根据企业信用风险分类结果实施差异化监管措施,持续推进常态化跨部门联合抽查。对直接涉及公共安全和人民群众生命健康等特殊行业、重点领域,落实全覆盖重点监管,强化全过程质量管理,守牢安全底线。要充分发挥信用监管基础性作用,建立企业信用与自然人信用挂钩机制,依法依规实施失信惩戒。要建立健全严重违法责任企业及相关人员行业禁入制度,增强监管威慑力。对新技术、新产业、新业态、新模式等实行包容审慎监管,量身定制监管模式,对轻微违法行为依法从轻、减轻或者免予行政处罚。深入推进"互联网＋监管",探索智慧监管,加强监管数据共享,运用大数据、物联网、人工智能等手段精准预警风险隐患。

五、采取有力措施确保改革落地见效

（一）健全改革工作机制。国务院推进政府职能转变和"放管服"改革协调小组负责统筹领导全国"证照分离"改革工作。国务院办公厅、市场监管总局、司法部牵头负责推进改革,做好调查研究、政策解读、协调指导、督促落实、法治保障、总结评估等工作。商务部负责指导各自由贸易试验区做好"证照分离"改革与对外开放政策的衔接。省级人民政府对本地区改革工作负总责,要建立健全审改、市场监管、司法行政、商务(自贸办)等部门牵头,各部门分工负责的工作机制,强化责任落实,扎实推进改革。

(二)加强改革法治保障。要坚持重大改革于法有据,依照法定程序推动改革。配合在全国范围内推行的改革举措,推动修改法律、行政法规有关规定。在自由贸易试验区配合相关改革试点举措,根据全国人民代表大会常务委员会授权决定暂时调整适用《中华人民共和国会计法》等 7 部法律有关规定,暂时调整适用《互联网上网服务营业场所管理条例》等 13 部行政法规有关规定。国务院有关部门和地方人民政府要根据法律、行政法规的调整情况,对规章、规范性文件作相应调整,建立与改革要求相适应的管理制度。2022 年底前,国务院有关部门要组织对暂时调整适用法律、行政法规有关规定情况开展中期评估。

(三)抓好改革实施工作。国务院有关部门要制定实施方案,对中央层面设定的涉企经营许可事项逐项细化改革举措,并向社会公布。各省、自治区、直辖市人民政府要制定本地区改革实施方案,以省为单位编制地方层面设定的涉企经营许可事项改革清单,并向社会公布。各地区、各部门要做好改革政策工作培训和宣传解读,调整优化业务流程,修订完善工作规则和服务指南,改造升级信息系统,确保改革措施全面落实、企业充分享受改革红利。

本通知实施中的重大问题,省级人民政府、国务院有关部门要及时向国务院请示报告。

国务院

2021 年 5 月 19 日

(此件公开发布)

发布日期:2021 年 06 月 03 日

(摘自:国务院关于深化"证照分离"改革进一步激发市场主体发展活力的通知. [2021-10-01].http://www.gov.cn/zhengce/content/2021-06/03/content_5615031.htm)

§　附录二　§

中华人民共和国市场主体登记管理条例

第一章　总　则

第一条　为了规范市场主体登记管理行为,推进法治化市场建设,维护良好市场秩序和市场主体合法权益,优化营商环境,制定本条例。

第二条　本条例所称市场主体,是指在中华人民共和国境内以营利为目的从事经营活动的下列自然人、法人及非法人组织:

(一)公司、非公司企业法人及其分支机构;

(二)个人独资企业、合伙企业及其分支机构;

(三)农民专业合作社(联合社)及其分支机构;

(四)个体工商户;

(五)外国公司分支机构;

(六)法律、行政法规规定的其他市场主体。

第三条　市场主体应当依照本条例办理登记。未经登记,不得以市场主体名义从事经营活动。法律、行政法规规定无需办理登记的除外。

市场主体登记包括设立登记、变更登记和注销登记。

第四条　市场主体登记管理应当遵循依法合规、规范统一、公开透明、便捷高效的原则。

第五条　国务院市场监督管理部门主管全国市场主体登记管理工作。

县级以上地方人民政府市场监督管理部门主管本辖区市场主体登记管理工作,加强统筹指导和监督管理。

第六条　国务院市场监督管理部门应当加强信息化建设，制定统一的市场主体登记数据和系统建设规范。

县级以上地方人民政府承担市场主体登记工作的部门(以下称登记机关)应当优化市场主体登记办理流程，提高市场主体登记效率，推行当场办结、一次办结、限时办结等制度，实现集中办理、就近办理、网上办理、异地可办，提升市场主体登记便利化程度。

第七条　国务院市场监督管理部门和国务院有关部门应当推动市场主体登记信息与其他政府信息的共享和运用，提升政府服务效能。

第二章　登记事项

第八条市场主体的一般登记事项包括：

(一)名称；

(二)主体类型；

(三)经营范围；

(四)住所或者主要经营场所；

(五)注册资本或者出资额；

(六)法定代表人、执行事务合伙人或者负责人姓名。

除前款规定外，还应当根据市场主体类型登记下列事项：

(一)有限责任公司股东、股份有限公司发起人、非公司企业法人出资人的姓名或者名称；

(二)个人独资企业的投资人姓名及居所；

(三)合伙企业的合伙人名称或者姓名、住所、承担责任方式；

(四)个体工商户的经营者姓名、住所、经营场所；

(五)法律、行政法规规定的其他事项。

第九条　市场主体的下列事项应当向登记机关办理备案：

（一）章程或者合伙协议；

（二）经营期限或者合伙期限；

（三）有限责任公司股东或者股份有限公司发起人认缴的出资数额，合伙企业合伙人认缴或者实际缴付的出资数额、缴付期限和出资方式；

（四）公司董事、监事、高级管理人员；

（五）农民专业合作社（联合社）成员；

（六）参加经营的个体工商户家庭成员姓名；

（七）市场主体登记联络员、外商投资企业法律文件送达接受人；

（八）公司、合伙企业等市场主体受益所有人相关信息；

（九）法律、行政法规规定的其他事项。

第十条　市场主体只能登记一个名称，经登记的市场主体名称受法律保护。

市场主体名称由申请人依法自主申报。

第十一条　市场主体只能登记一个住所或者主要经营场所。电子商务平台内的自然人经营者可以根据国家有关规定，将电子商务平台提供的网络经营场所作为经营场所。

省、自治区、直辖市人民政府可以根据有关法律、行政法规的规定和本地区实际情况，自行或者授权下级人民政府对住所或者主要经营场所作出更加便利市场主体从事经营活动的具体规定。

第十二条　有下列情形之一的，不得担任公司、非公司企业法人法定代表人：

（一）无民事行为能力或者限制民事行为能力；

（二）因贪污、贿赂、侵占财产、挪用财产或者破坏社会主义市场经济秩序被判处刑罚，执行期满未逾 5 年，或者因犯罪被

剥夺政治权利,执行期满未逾 5 年;

(三)担任破产清算的公司、非公司企业法人的法定代表人、董事或者厂长、经理,对破产负有个人责任的,自破产清算完结之日起未逾 3 年;

(四)担任因违法被吊销营业执照、责令关闭的公司、非公司企业法人的法定代表人,并负有个人责任的,自被吊销营业执照之日起未逾 3 年;

(五)个人所负数额较大的债务到期未清偿;

(六)法律、行政法规规定的其他情形。

第十三条　除法律、行政法规或者国务院决定另有规定外,市场主体的注册资本或者出资额实行认缴登记制,以人民币表示。

出资方式应当符合法律、行政法规的规定。公司股东、非公司企业法人出资人、农民专业合作社(联合社)成员不得以劳务、信用、自然人姓名、商誉、特许经营权或者设定担保的财产等作价出资。

第十四条　市场主体的经营范围包括一般经营项目和许可经营项目。经营范围中属于在登记前依法须经批准的许可经营项目,市场主体应当在申请登记时提交有关批准文件。

市场主体应当按照登记机关公布的经营项目分类标准办理经营范围登记。

第三章　登记规范

第十五条　市场主体实行实名登记。申请人应当配合登记机关核验身份信息。

第十六条　申请办理市场主体登记,应当提交下列材料:

(一)申请书;

(二)申请人资格文件、自然人身份证明;

（三）住所或者主要经营场所相关文件；

（四）公司、非公司企业法人、农民专业合作社（联合社）章程或者合伙企业合伙协议；

（五）法律、行政法规和国务院市场监督管理部门规定提交的其他材料。

国务院市场监督管理部门应当根据市场主体类型分别制定登记材料清单和文书格式样本，通过政府网站、登记机关服务窗口等向社会公开。

登记机关能够通过政务信息共享平台获取的市场主体登记相关信息，不得要求申请人重复提供。

第十七条　申请人应当对提交材料的真实性、合法性和有效性负责。

第十八条　申请人可以委托其他自然人或者中介机构代其办理市场主体登记。受委托的自然人或者中介机构代为办理登记事宜应当遵守有关规定，不得提供虚假信息和材料。

第十九条　登记机关应当对申请材料进行形式审查。对申请材料齐全、符合法定形式的予以确认并当场登记。不能当场登记的，应当在 3 个工作日内予以登记；情形复杂的，经登记机关负责人批准，可以再延长 3 个工作日。

申请材料不齐全或者不符合法定形式的，登记机关应当一次性告知申请人需要补正的材料。

第二十条　登记申请不符合法律、行政法规规定，或者可能危害国家安全、社会公共利益的，登记机关不予登记并说明理由。

第二十一条　申请人申请市场主体设立登记，登记机关依法予以登记的，签发营业执照。营业执照签发日期为市场主体的成立日期。

法律、行政法规或者国务院决定规定设立市场主体须经批准的,应当在批准文件有效期内向登记机关申请登记。

第二十二条　营业执照分为正本和副本,具有同等法律效力。

电子营业执照与纸质营业执照具有同等法律效力。

营业执照样式、电子营业执照标准由国务院市场监督管理部门统一制定。

第二十三条　市场主体设立分支机构,应当向分支机构所在地的登记机关申请登记。

第二十四条　市场主体变更登记事项,应当自作出变更决议、决定或者法定变更事项发生之日起 30 日内向登记机关申请变更登记。

市场主体变更登记事项属于依法须经批准的,申请人应当在批准文件有效期内向登记机关申请变更登记。

第二十五条　公司、非公司企业法人的法定代表人在任职期间发生本条例第十二条所列情形之一的,应当向登记机关申请变更登记。

第二十六条　市场主体变更经营范围,属于依法须经批准的项目的,应当自批准之日起 30 日内申请变更登记。许可证或者批准文件被吊销、撤销或者有效期届满的,应当自许可证或者批准文件被吊销、撤销或者有效期届满之日起 30 日内向登记机关申请变更登记或者办理注销登记。

第二十七条　市场主体变更住所或者主要经营场所跨登记机关辖区的,应当在迁入新的住所或者主要经营场所前,向迁入地登记机关申请变更登记。迁出地登记机关无正当理由不得拒绝移交市场主体档案等相关材料。

第二十八条　市场主体变更登记涉及营业执照记载事项的,登记机关应当及时为市场主体换发营业执照。

第二十九条　市场主体变更本条例第九条规定的备案事项的,应当自作出变更决议、决定或者法定变更事项发生之日起 30 日内向登记机关办理备案。农民专业合作社(联合社)成员发生变更的,应当自本会计年度终了之日起 90 日内向登记机关办理备案。

第三十条　因自然灾害、事故灾难、公共卫生事件、社会安全事件等原因造成经营困难的,市场主体可以自主决定在一定时期内歇业。法律、行政法规另有规定的除外。

市场主体应当在歇业前与职工依法协商劳动关系处理等有关事项。

市场主体应当在歇业前向登记机关办理备案。登记机关通过国家企业信用信息公示系统向社会公示歇业期限、法律文书送达地址等信息。

市场主体歇业的期限最长不得超过 3 年。市场主体在歇业期间开展经营活动的,视为恢复营业,市场主体应当通过国家企业信用信息公示系统向社会公示。

市场主体歇业期间,可以以法律文书送达地址代替住所或者主要经营场所。

第三十一条　市场主体因解散、被宣告破产或者其他法定事由需要终止的,应当依法向登记机关申请注销登记。经登记机关注销登记,市场主体终止。

市场主体注销依法须经批准的,应当经批准后向登记机关申请注销登记。

第三十二条　市场主体注销登记前依法应当清算的,清算组应当自成立之日起 10 日内将清算组成员、清算组负责人名单通过国家企业信用信息公示系统公告。清算组可以通过国家企业信用信息公示系统发布债权人公告。

清算组应当自清算结束之日起 30 日内向登记机关申请注销登记。市场主体申请注销登记前,应当依法办理分支机构注销登记。

第三十三条 市场主体未发生债权债务或者已将债权债务清偿完结,未发生或者已结清清偿费用、职工工资、社会保险费用、法定补偿金、应缴纳税款(滞纳金、罚款),并由全体投资人书面承诺对上述情况的真实性承担法律责任的,可以按照简易程序办理注销登记。

市场主体应当将承诺书及注销登记申请通过国家企业信用信息公示系统公示,公示期为 20 日。在公示期内无相关部门、债权人及其他利害关系人提出异议的,市场主体可以于公示期届满之日起 20 日内向登记机关申请注销登记。

个体工商户按照简易程序办理注销登记的,无需公示,由登记机关将个体工商户的注销登记申请推送至税务等有关部门,有关部门在 10 日内没有提出异议的,可以直接办理注销登记。

市场主体注销依法须经批准的,或者市场主体被吊销营业执照、责令关闭、撤销,或者被列入经营异常名录的,不适用简易注销程序。

第三十四条 人民法院裁定强制清算或者裁定宣告破产的,有关清算组、破产管理人可以持人民法院终结强制清算程序的裁定或者终结破产程序的裁定,直接向登记机关申请办理注销登记。

第四章 监督管理

第三十五条 市场主体应当按照国家有关规定公示年度报告和登记相关信息。

第三十六条 市场主体应当将营业执照置于住所或者主要经营场所的醒目位置。从事电子商务经营的市场主体应当在其首页显著位置持续公示营业执照信息或者相关链接标识。

第三十七条 任何单位和个人不得伪造、涂改、出租、出借、转让营业执照。

营业执照遗失或者毁坏的,市场主体应当通过国家企业信用信息公示系统声明作废,申请补领。

登记机关依法作出变更登记、注销登记和撤销登记决定的,市场主体应当缴回营业执照。拒不缴回或者无法缴回营业执照的,由登记机关通过国家企业信用信息公示系统公告营业执照作废。

第三十八条 登记机关应当根据市场主体的信用风险状况实施分级分类监管。

登记机关应当采取随机抽取检查对象、随机选派执法检查人员的方式,对市场主体登记事项进行监督检查,并及时向社会公开监督检查结果。

第三十九条 登记机关对市场主体涉嫌违反本条例规定的行为进行查处,可以行使下列职权:

(一)进入市场主体的经营场所实施现场检查;

(二)查阅、复制、收集与市场主体经营活动有关的合同、票据、账簿以及其他资料;

(三)向与市场主体经营活动有关的单位和个人调查了解情况;

(四)依法责令市场主体停止相关经营活动;

(五)依法查询涉嫌违法的市场主体的银行账户;

(六)法律、行政法规规定的其他职权。

登记机关行使前款第四项、第五项规定的职权的,应当经登记机关主要负责人批准。

第四十条 提交虚假材料或者采取其他欺诈手段隐瞒重

要事实取得市场主体登记的,受虚假市场主体登记影响的自然人、法人和其他组织可以向登记机关提出撤销市场主体登记的申请。

登记机关受理申请后,应当及时开展调查。经调查认定存在虚假市场主体登记情形的,登记机关应当撤销市场主体登记。相关市场主体和人员无法联系或者拒不配合的,登记机关可以将相关市场主体的登记时间、登记事项等通过国家企业信用信息公示系统向社会公示,公示期为 45 日。相关市场主体及其利害关系人在公示期内没有提出异议的,登记机关可以撤销市场主体登记。

因虚假市场主体登记被撤销的市场主体,其直接责任人自市场主体登记被撤销之日起 3 年内不得再次申请市场主体登记。登记机关应当通过国家企业信用信息公示系统予以公示。

第四十一条　有下列情形之一的,登记机关可以不予撤销市场主体登记:

(一)撤销市场主体登记可能对社会公共利益造成重大损害;

(二)撤销市场主体登记后无法恢复到登记前的状态;

(三)法律、行政法规规定的其他情形。

第四十二条　登记机关或者其上级机关认定撤销市场主体登记决定错误的,可以撤销该决定,恢复原登记状态,并通过国家企业信用信息公示系统公示。

第五章　法律责任

第四十三条　未经设立登记从事经营活动的,由登记机关责令改正,没收违法所得;拒不改正的,处 1 万元以上 10 万元以下的罚款;情节严重的,依法责令关闭停业,并处 10 万元以上 50 万元以下的罚款。

第四十四条 提交虚假材料或者采取其他欺诈手段隐瞒重要事实取得市场主体登记的,由登记机关责令改正,没收违法所得,并处 5 万元以上 20 万元以下的罚款;情节严重的,处 20 万元以上 100 万元以下的罚款,吊销营业执照。

第四十五条 实行注册资本实缴登记制的市场主体虚报注册资本取得市场主体登记的,由登记机关责令改正,处虚报注册资本金额 5% 以上 15% 以下的罚款;情节严重的,吊销营业执照。

实行注册资本实缴登记制的市场主体的发起人、股东虚假出资,未交付或者未按期交付作为出资的货币或者非货币财产的,或者在市场主体成立后抽逃出资的,由登记机关责令改正,处虚假出资金额 5% 以上 15% 以下的罚款。

第四十六条 市场主体未依照本条例办理变更登记的,由登记机关责令改正;拒不改正的,处 1 万元以上 10 万元以下的罚款;情节严重的,吊销营业执照。

第四十七条 市场主体未依照本条例办理备案的,由登记机关责令改正;拒不改正的,处 5 万元以下的罚款。

第四十八条 市场主体未依照本条例将营业执照置于住所或者主要经营场所醒目位置的,由登记机关责令改正;拒不改正的,处 3 万元以下的罚款。

从事电子商务经营的市场主体未在其首页显著位置持续公示营业执照信息或者相关链接标识的,由登记机关依照《中华人民共和国电子商务法》处罚。

市场主体伪造、涂改、出租、出借、转让营业执照的,由登记机关没收违法所得,处 10 万元以下的罚款;情节严重的,处 10 万元以上 50 万元以下的罚款,吊销营业执照。

第四十九条 违反本条例规定的,登记机关确定罚款金额时,应当综合考虑市场主体的类型、规模、违法情节等因素。

第五十条 登记机关及其工作人员违反本条例规定未履行职责或者履行职责不当的,对直接负责的主管人员和其他直接责任人员依法给予处分。

第五十一条 违反本条例规定,构成犯罪的,依法追究刑事责任。

第五十二条 法律、行政法规对市场主体登记管理违法行为处罚另有规定的,从其规定。

第六章 附 则

第五十三条 国务院市场监督管理部门可以依照本条例制定市场主体登记和监督管理的具体办法。

第五十四条 无固定经营场所摊贩的管理办法,由省、自治区、直辖市人民政府根据当地实际情况另行规定。

第五十五条 本条例自 2022 年 3 月 1 日起施行。《中华人民共和国公司登记管理条例》、《中华人民共和国企业法人登记管理条例》、《中华人民共和国合伙企业登记管理办法》、《农民专业合作社登记管理条例》、《企业法人法定代表人登记管理规定》同时废止。

（摘自:中华人民共和国市场主体登记管理条例.[2021-10-01].http://www.gov.cn/zhengce/content/2021-08/24/content_5632964.htm.）

§ 附录三 §

竞业限制协议

编号：

　　甲方：

　　乙方：　　　　　　　　职务：

　　有效证件号码：

　　鉴于：

　　1.乙方将要（或已经）成为甲方的聘用员工，与甲方建立聘用劳动关系；

　　2.乙方已经（或可能）知悉公司（包括甲方）重要商业秘密或者对公司的竞争优势具有重要影响；

　　3.乙方进一步承认，如果其离开公司后在与公司竞争的单位工作，将会损害公司的业务，可能给公司造成难以挽回的损失。

　　为切实保护甲方的商业秘密及其他合法权益，确保乙方不与甲方竞业，根据劳动法有关规定及其他相关法律，双方协商一致签订以下竞业禁止协议：

　　竞业禁止期限：本协议签订之日起至甲乙双方劳动合同终止或解除之日起2年。

　　乙方承诺在竞业限制期限内不得违反下列规定：

　　乙方保证未经甲方事先书面同意，乙方在甲方任职期间不得自营或者为他人经营、参与经营与甲方直接或间接竞争的任何业务。

　　乙方保证在甲方的任职期内所使用的技术知识均与前受聘单位无关，不侵犯前受聘单位的技术秘密，如承担了对前单位的竞业限制和保密义务,则应保证在甲方工作期间不利用前单位的保密信息为甲方服务。

在甲方任职期间,未经甲方事先书面同意,乙方承诺:不从事第二职业;乙方和/或乙方的关联人不在竞争性单位或与甲方有直接经济往来的其他经济组织和社会团体内接受或取得任何职务(包括但不限于合伙人、董事、监事、股东、经理、职员、代理人、顾问等),或向该类竞争性单位提供任何咨询服务(无论是否有偿)或其他协助(例如,从事与公司正在进行的业务或公司董事会决定拟发展的业务相同或近似的业务范围);不得利用在甲方的任职以任何不正当手段获取利益,不得利用在公司的地位和职权为自己谋取私利。就本协议而言,乙方的关联人包括但不限于:(1)乙方担任管理人员或作为合伙人或者直接或间接地拥有权益(包括但不限于股权等)的任何种类的机构;(2)乙方的近亲属。

在甲方任职期间,乙方不得对竞争性单位进行任何形式的投资(包括但不限于持有股份或股份期权、借贷或组成合伙等),也不得以其他方式与甲方竞争或协助任何个人或单位与甲方竞争。如乙方的亲属在甲方的竞争性单位就职,乙方应如实向甲方人事部门告知上述事实。

未经甲方事先书面同意,乙方不论因何种原因从甲方离职,离职后在甲方支付了竞业限制经济补偿金的期限内,都不得直接或间接服务于或自办与甲方有竞争关系的企业。包括但不限于:(1)服务于、开办或经营与其在甲方公司所从事的主要工作一致或类似的其他类型的公司或企业;(2)服务于、开办或经营与甲方公司有相同业务或相近似业务的公司或企业;(3)服务于、开办或经营为上述公司或企业提供专业咨询或顾问服务的公司或企业或其他机构。

乙方同意,在其任职于公司期间及离职后的 2 年内,乙方保证不会直接或间接地指使、引诱、鼓励、唆使或以其他方式试图影响公司的其他员工离职,去为乙方或任何其他个人或实体服务;乙方保证不会引诱公司的客户或以前的客户以攫取他们的业务而直接或间接获利。乙方在任职公司期间为履行其职责而采取的行动除外。

(七)乙方承诺,除非经甲方事先书面同意,乙方在竞业限制期限内不得直接或间接从事下列活动:(1)不得直接或通过其他实体在公司之外设立提供与公司产品或项目相同或类似的机构;(2)不得直接或通过其他实体提供与公司生产的产品相同、类似或有竞争关系的产品,不得直接或间接从事与公司所从事业务相同、类似或有竞争关系的任何业务;(3)不得向任何个人、合伙、公司、信托、协会或任何其他实体提供任何与公司业务相关的产品,或直接或间接提供任何服务(不论作为代表、代理人、独立承包人、顾问、咨询人或其他类似身份或通过其他关系);(4)不得在任何竞争者中拥有利益(包括但不限于作为所有者、特许经营者、合伙人、股权持有人、委托人、成员、投资者、托管人或其他类似身份或通过其他关系);(5)不得直接或通过其他实体以任何方式向公司的任何先前、现有及潜在的客户提供与公司提供相同或类似的产品或服务;(6)不得利用甲方的客户资料、课程内容、价格体系、培训体系及其他一切从甲方处获得的资料进行其他与甲方具有同类业务的其他活动或业务;(7)不得以攻击公司的业务能力或其他任何方式损害公司的商业声誉和名誉。

解释:

本协议中的"甲方公司"指甲方所属集团公司及其所有分公司、子公司和实质关联的公司(总称"甲方公司")

本协议中的"竞争性单位",指与甲方公司提供同类服务的或对甲方公司业务构成现实或潜在竞争的任何个人、公司、企业、合伙、机关、协会、事业单位、社会团体或其他组织。这些竞争性单位包括但不限于:经营与甲方公司有相同业务或相近似业务的公司或企业(即　　　　行业)。

三、竞业限制经济补偿金:

乙方遵守本协议约定的,甲方应自甲乙双方劳动合同终止或解除之日起按月向乙方支付经济补偿金,支付标准为　　元/月,支付日期为每月　日。甲方应将经济补偿金支付至乙方指定的下列账户:

户名:　　　　　　　　　开户行:

账号:

四、乙方违反本协议约定的,甲方有权采取如下措施:

乙方因违约行为所获得的全部收益应归甲方所有,甲方可扣发工资奖金作为赔偿、给予内部处罚,直至辞退、开除,要求乙方赔偿其他不足部分经济损失。若乙方收益或损失金额无法确定或量化的,以乙方在甲方工作的最后一个年度总收入(若工作不满一年,则乙方年度总收入=乙方月平均工资×12月)作为乙方收益或损失数额。

对乙方提起违约或侵权民事诉讼;无论是否解除劳动合同关系,甲方都有权依法以违约或侵权为由,对乙方提起民事诉讼,要求其承担相应的民事责任;

通过司法机关追究乙方刑事责任;

无论甲方是否采取本条约定的上述措施,乙方违反本协议的,除上述赔偿外,乙方还应向甲方支付违约金人民币20

万元。

五、因执行本协议或本协议有关的一切争议，应当提交甲方所在地人民法院解决。

六、本协议一式两份，甲乙双方各执一份，每份具有同等效力。本协议由甲方盖章，乙方签字后生效。

甲方：　　　　　　　　乙方：

签订地点：

签订日期：　　　年　　月　　日

（摘自：福建远大联盟律师事务所资料库）

§ 附录四 §

保密协议

编号：

　　甲方：

　　乙方：　　　　　　　　　　职务：

　　有效证件号码：

　　鉴于：

　　乙方受雇于甲方，提供相应劳务服务，并因此取得甲方支付的相应工作报酬。乙方在服务期间有机会获知或使用甲方的商业秘密，同时乙方知悉如对甲方的商业秘密有任何不正当利用或泄露会给甲方造成巨大的经济损失和声誉损失。为保护甲方的商业秘密，维护甲、乙双方的共同长远利益，双方达成如下协议条款：

　　乙方的保密义务是指未经甲方书面同意或者除非根据法律要求，乙方在本协议约定的保密期限内，应谨慎保持甲方的商业秘密处于严格的保密状态，不得自用或向其他任何第三方披露甲方的任何商业秘密。

　　本协议的商业秘密是指不为公众所知悉、能为甲方带来经济利益或者可能影响到甲方经济利益，具有实用性并经甲方采取保密措施的技术秘密和经营信息。主要包括：

　　1.甲方的产品或工作成果，包括但不限于产品技术研究成果、学术作品、工程设计、产品设计图纸及其说明、音像作品、美术、计算机软件等。

　　2.甲方项目的过程文件和形成文件，包括但不限于文字、图样、计算机数据、实验结果、技术方案、技术数据、技术文档、科研成果、相关函电等等。

3.甲方与客户、供应商、合作者或者其他有任何商业关系的第三方的通信文件，包括但不限于书面信函、电子邮件、传真、电话记录等等。

4.与甲方经营管理活动有关的全部内部文件，或者有记录甲方经营管理状况未经甲方公开的任何相关文件。

5.关于甲方客户的相关信息资料，包括但不限于客户名单、客户基本信息、客户调查报告、客户商业秘密、成交或商谈的价格信息等等。

6.甲方财务和会计报表、人事资料、薪酬资料等等，但是已经依法对外公开的除外。

7.甲方涉诉情况或者或有债务，但是已经通过公开信息可以查询的除外。

8.甲方的近远期战略发展规划、内部运作与营销计划、投资情况、重要决议、投资决策意向、市场分析、广告策略、与公司经济利益关系重大的研究开发项目和计划、经营管理策略等等。

9.其他可能影响到甲方经济利益、不为公众所知悉的甲方的商业秘密。

三、乙方承诺，保持所有乙方所了解到或可能了解到的甲方的商业秘密处于最严格的保密状态。在保密期间内，乙方如发现他人有侵犯甲方商业秘密的行为，有义务第一时间向甲方报告相关信息。乙方承诺，除非必须为履行乙方为甲方所进行的工作任务或者根据法律要求，乙方不得进行如下行为：

1.非工作所需故意探知甲方的商业秘密；

2.自用甲方的商业秘密；

3.向甲方其他员工披露商业秘密；

4.向甲方现有的或任何潜在的商业竞争者披露商业秘密；

5.向任何自然人、法人、社会团体或其他任何第三方披露甲方的商业秘密；

四、乙方承诺,乙方与甲方的劳动或劳务关系结束时,向甲方移交乙方掌握的所有记载有甲方商业秘密的文件资料(包括但不限于书面文件、计算机数据、电子文档、图片等等)的原件或者复印/制件。

五、乙方保密义务的期限是自乙方于甲方处服务之日起(自　　　年　　月　　　日起)至乙方停止为甲方提供劳动或劳务服务之日后 20 年。

六、甲方向乙方支付的报酬或工资中已包含保密费,此处不再重复支付。

七、甲、乙双方确认,在乙方受雇于甲方期间,乙方的任何工作成果均属于甲方的商业秘密,相应的著作权应当归属于甲方,乙方自愿接受甲方对其工作成果的著作权的处置。

八、如乙方未来发表论文、文章、评定成果、职称等需要在有限范围内或公开范围内需使用甲方的商业秘密,应首先取得甲方的书面认可,否则视为乙方违反本协议项下的保密义务。

九、乙方应当谨慎小心地履行本协议项下的保密义务,如有任何违约行为,应向甲方支付至少相当于其一年的工资或劳务报酬的违约金。该违约金不足以弥补乙方违约行为给甲方造成的直接损失和间接损失的,甲方有权另行要求乙方赔偿全部损失。

前款所述损失赔偿按照如下方式计算：

1.损失赔偿为甲方因乙方的违约或侵权行为所受到的实际经济损失,计算方法是:因乙方的违约及侵权行为导致甲方的营业额下降,其营业额减少的数额即为甲方损失；

2.如果甲方的损失按照方法①所述的计算方法难以计算的,损失赔偿额为乙方因违约或侵权行为所获得的全部利润。计算方法是乙方从每件与违约或侵权行为直接相关的产品或行为获得的利润乘以在市场上销售的总数所得之积。

3.如果甲方的损失按照方法①②所述的计算方法均难以计算的,以不低于甲方商业秘密许可使用费的合理数额作为损失赔偿额。

4.甲方因调查乙方的违约或侵权行为而支付的合理费用,如律师费、公证费、取证费等,应当包含在损失赔偿额之内。

5.因乙方的违约或侵权行为侵犯了甲方的商业秘密权利的,甲方可以选择根据本协议要求乙方承担违约责任,或者根据国家有关法律、法规要求乙方承担侵权责任。

6.因乙方恶意泄露商业秘密给公司造成严重后果的,公司将通过法律手段追究其侵权责任,直至追究其刑事责任。

十、如甲乙双方劳动关系终止后,在未征得甲方同意的情况下,甲方的客户与乙方新任职的公司达成新的交易关系的,视为乙方违反本协议约定的保密义务,乙方应依据本协议约定向甲方承担违约及赔偿责任。

十一、因本协议产生的任何争议,甲、乙双方应当友好协商解决,无法协商的,任一方有权向本合同签订地有管辖权的人民法院起诉。

十二、本协议经甲方盖章、乙方签名后生效。本协议一式两份,由甲、乙双方各执一份。

甲方:　　　　　　　　　乙方:

签订地点:

签订日期:　　　年　　月　　日

(摘自:福建远大联盟律师事务所资料库)

§ 附录五 §

解除劳动合同协议书

编号：

　　甲方：

　　乙方：　　　　　　　　　　职务：

　　有效证件号码：

　　鉴于：

　　甲乙双方于　　年　　月　　日签订为期　　年的劳动合同，且甲乙双方同意解除劳动合同关系，现经双方协商一致，签订本协议如下：

　　自　　年　　月　　日起，解除双方签订的劳动合同，双方所履行的劳动合同的权利义务随之终止。

　　乙方工资结算至　　年　　月　　日，支付时间为甲方正常发放工资时间。

　　根据甲乙双方协商一致，甲方同意向乙方支付经济补偿金共计人民币元（　　元税前金额），甲方同意在乙方办理完工作移交手续后在次月　　日发薪日一次性支付给乙方。

　　甲方为乙方缴纳基本养老保险金、基本医疗保险金、失业保险金、工伤保险金、生育保险金、商业保险至　　年　　月　　日。

　　甲方根据相关劳动法规和规定，向乙方提供劳动合同解除的证明并办理相关退工手续。

　　乙方应当于本协议签订后当日内妥善办理所有工作移交手续，离职后不得作出有损公司名誉或利益之行为。

　　依法遵守在职时所掌握到甲方的任何商业秘密，在与甲方解除劳动合同后，应严禁泄漏甲方的商业机密及任何有关管理,技术性或商业情报,否则甲方有权保留法律追溯权,并按已签订的保密协议要求支付违约金。乙方应为所掌握的甲方之任何商业秘密(包括本协议内容)进行保密。

　　本协议是解决双方之间劳动争议的所有安排和规定,双方之间不再存在其他任何劳动争议。

　　此协议书一式两份,甲乙双方各执一份,每份具有同等效力。本协议由甲方盖章,乙方签字后生效。

　　其他补充:

　　甲方:　　　　　　　　　　　　乙方:

　　　　　　　　　签订地点:

　　　　　　　　　签订日期:　　年　　月　　日

（摘自:福建远大联盟律师事务所资料库）

§ 附录六 §

立明致远物流大讲堂微信公众号开号献辞

经过一个月紧锣密鼓的准备，"立明致远物流大讲堂"微信公众号今天正式对外发布。首先非常感谢国内知名的航运物流货代软件公司——荆艺科技及云当网络科技的同事们，正是你们的无私帮助和精心设计，才使得本公众号得以如期上线。

回想本人30年的职业生涯，能走到今天这一步，得益于自己对职业生涯一直有比较清晰的规划，再加上贵人相助、高人指点、同仁相挺及家人支持。早在六年前，我就规划在自己50岁之后，要从管理第一线退下来，转型做行业企业和员工的职场教练。从那一刻起，我开始更加刻苦地阅读、学习、思考，并把自己的所学、所思、所想、所悟转化成文字，终于在国家一级出版社——厦门大学出版社的帮助下，于2017年9月26日，我50岁生日前夕，出版了《航运物流从业第一课》。

令我受宠若惊的是，拙作出版后，行业企业领导、从业人员及广大读者对其给予一致好评，第一版6000册不到一个月就销售一空。很快，我根据广大同仁先进精英的意见和建议，对第一版加以修订，并在三个月后推出修订版，销路也非常不错。由此，厦门城市职业学院、泉州仰恩大学、厦门理工学院、集美大学航海学院先后聘我当客座教授，为在校学生分享职场理念和航运物流产业链的知识。全国各地不少订购拙作的单位，如中远海运控股股份有限公司、招商局集团有限公司、厦门建发集团有限公司、厦门象屿集团有限公司等财富世界五百强旗下企业；上海虹口区航运商会、上海市国际货运代理行业协会、大连市物流协会、深圳市国际货运代理协会、青岛现代服务业联合会、厦门市国际货运代理协会、中航运物流俱乐部等商协会；国内航运物流业著名企业，如：厦门集装箱码头集团有限公司、上海锦江航运（集团）有限公司、中谷海运集团有限公司、美设国际物流集团股份有限公司、上海欧坚网络发展集团股份有限公司、深圳市华展国际物流有限公司、深圳市中进国际货运代理有限公司、深圳市鸿安货运代理有限公司、航都（厦门）国际货运代理有限公司、厦门远海集装箱码头有限公司、港中旅华贸国际物流股份有限公司、环集供应链管理股份有限公司等也邀请我到企业做深入的研讨和交流，并给予普遍的肯定。

　　这一切，更加坚定了我继续走好未来十年职业生涯道路的决心。但同时，我也在思考，如何把行业的职业教育培训事业做得更有效率和效益呢？

　　伴随着中国改革开放 40 年而蓬勃发展起来的航运物流货代业，在 2010 年之后，由于受美国次贷危机及世界经济危机的影响而陷入停滞和低迷的状态，加上最近爆发的中美贸易摩擦，更使得行业雪上加霜，复苏乏力。而互联网时代的来临，让大部分的年轻人更愿意投身于网络科技、文化传媒、动漫游戏等新兴的、高科技行业，导致航运物流业乏人问津。社会上出现一个奇怪的现象，即目前全国各高校基本都设置物流管理或航运管理专业，但物流专业的毕业生却不愿意选择本行业就业。而因为经济形势不好，企业效益降低，行业内大多数私营企业老板在缩减成本时，首先砍掉的是企业的培训费用。以上这两方面的恶性循环势必导致本行业人才短缺、青黄不接和员工素质不断降低。

　　鉴于这两年观察到的这一行业企业的痛点，本人萌发了创建一个专门针对航运物流业企业的培训机构的想法，协助企业以最小的成本、最好的效果做好员工培训、建设强大团队、培养核心竞争力。这两个月,我经常为自己的这一新梦想激动得夜不能眠,开始马不停蹄地到全国各大口岸去宣传、分享我的理念和梦想,并认真聆听同行先进精英们的指点和高见来不断完善我的规划,同时希望召集更多志同道合的伙伴一起来投身这个公益事业。在此特别感谢中航运物流俱乐部各口岸成员单位在我到访期间给予的精心安排和热情款待,感谢全国多位德高望重、知识精深、学术超群的行业领军人物和专家学者认同我的梦想,愿意加入我筹划的立明致远物流大讲堂名师团队,一起为航运物流货代行业的健康稳定发展做出各自应有的贡献。

从今天开始,随着本公众号的开通,"立明致远物流大讲堂"启动仪式进入倒计时 30 天的阶段,竭诚欢迎全国各地的同行先进于 2019 年元月 18 日齐聚美丽厦门,让我们一起见证这一重大历史时刻的到来,此时我的内心充满了感激和感恩。

最后,值此圣诞及元旦佳节来临之际,本人仅代表"立明致远物流大讲堂"讲师团的全体成员和工作人员,祝国内外所有同仁先进精英以及亲朋好友们:

新年快乐、身体健康、工作顺利、万事如意!

立明致远物流大讲堂创始人兼首席培训师　黄伟明

2018 年 12 月 18 日

参考文献

1.埃里克·莱斯.2012.精益创业[M].吴彤,译.北京:中信出版社.

2.埃里克·施密特,乔纳森·罗森伯格,艾伦·伊戈尔.2015.重新定义公司[M].靳婷婷,陈序,何烨,译.北京:中信出版社.

3.艾·里斯,劳拉·里斯,张云.2019.21世纪的定位[M].寿雯,译.北京:机械工业出版社.

4.安迪·格鲁夫.2017.给经理人的第一课[M].4版.巫宗融,译.北京:中信出版社.

5.保罗·R.尼文,本·拉莫特尔.2018.OKR:源于英特尔和谷歌的目标管理利器[M].况阳,译.北京:机械工业出版社.

6.保罗·R.蒂姆.2017.客服圣经[M].6版.韦福祥,张晓,译.北京:机械工业出版社.

7.本·霍洛维茨.2015.创业维艰[M].杨晓红,钟莉婷,译.北京:中信出版社.

8.比尔·康纳尔,拉姆·查兰.2018.人才管理大师[M].刘永军,朱洁,译.北京:机械工业出版社.

9.彼得·德鲁克.2009.卓有成效的管理者[M].许是详,译.北京:机械工业出版社.

10.布赖恩·费瑟斯通豪.2018.远见[M].苏健,译.北京:北京联合出版公司.

11.陈春花,赵海然.2018.共生[M].北京:中信出版社.

12.陈镭.2018.OKR 目标与关键成果法[M].北京:机械工业出版社.

13.大卫·R.亨德森,查尔斯 L..2014.胡珀.决策的智慧[M].侯君等,译.北京:机械工业出版社.

14.丹尼尔·卡尼曼.2012.思考,快与慢[M].胡晓姣,李爱民,何梦莹,译.北京:中信出版社.

15.丹尼尔·平克.2013.全新销售[M].闫佳,译.杭州:浙江人民出版社.

16.单仁.2018.逆袭[M].北京:北京大学出版社.

17.樊登.2019.低风险创业[M].北京:人民邮电出版社.

18.樊登.2020.可复制的沟通力[M].北京:中信出版社.

19.樊登.2018.可复制领导力[M].北京:中信出版社.

20.菲尔·哈金斯,基思·霍利汉.2017.人人皆赢[M].杨现领,译.厦门:厦门大学出版社.

21.费迪南·佛尼斯.2003.绩效!绩效[M].丁惠民,游琇雯,译.北京:中国财政经济出版社.

22.盖温·肯尼迪.2018.谈判:如何在博弈中获得更多[M].祝欣,陈述,译.北京:民主与建设出版社.

23.高德威.2021.长期主义[M].崔传刚,译.北京:中信出版社.

24.葛基中,刘卫华.2008.夹缝中生存:打造利润之舟[M].上海:百家出版社.

25.宫玉振.2020.善战者说[M].北京:中信出版社.

26.桦泽紫苑.2018.为什么精英都是时间控[M].郭勇,译.长沙:湖南文艺出版社.

27.黄伟明.2021.高管修炼第一课[M].2 版.厦门:厦门大

学出版社.

28.黄旭.2021.13＋1 体系:打造持续健康的组织[M].北京:机械工业出版社.

29.加里·凯勒,杰伊·帕帕森.2015.最重要的事只有一件[M].张宝文,译.北京:中信出版社.

30.江南春.2021.人心红利[M].北京:中信出版社.

31.杰克·韦尔奇,苏茜·韦尔奇.2016.商业的本质[M].蒋宗强,译.北京:中信出版社.

32.杰克·韦尔奇,苏茜·韦尔奇.2017.赢[M].4 版.余江,玉书,译.北京:中信出版社.

33.杰克·韦尔奇,苏茜·韦尔奇.2017.赢的答案[M].3 版.扈喜林,译.北京:中信出版社.

34.骏君.2016.微信营销方法 1＋2＋3[M].广州:广东经济出版社.

35.凯利·欧柏布纳.2019.为自己工作的九个步骤[M].星光余辉,译.台北:橡实文化.

36.克莱顿·克里斯坦森.2014.颠覆性创新[M].2 版.崔传刚,译.北京:中信出版社.

37.克里斯·安德森.2015.免费[M].蒋旭峰,冯斌,璩静,译.3 版.北京:中信出版社.

38.拉里·博西迪,拉姆.查兰,查尔斯.伯克.2016.开启转型[M].杨懿梅,译.北京:机械工业出版社.

39.拉里·博西迪,拉姆.查兰.2018.执行[M].刘祥亚,译.北京:机械工业出版社.

40.拉姆·查兰,丹尼斯.凯利,鲍达民.2019.识人 用人[M].杨懿梅,译.北京:中信出版社.

41.拉姆·查兰.2019.高管路径[M].徐中,杨懿梅,译.北京：机械工业出版社.

42.李善友.2019.第二曲线创业[M].北京：人民邮电出版社.

43.里德·霍夫曼,本·卡斯诺查,克里斯·叶.2015.联盟[M].路蒙佳,译.北京：中信出版社.

44.里德·霍夫曼,叶嘉新.2019.闪电式扩张[M].路蒙佳,译.北京：中信出版社.

45.理查德·福斯特.2017.创新[M].孙玉杰等,译.北京：北京联合出版公司.

46.罗伯特·艾格.2020.一生的旅程[M].靳婷婷,译.北京：文汇出版社.

47.罗伯特·史蒂文.卡普兰.2013.哈佛商学院最受欢迎的领导课[M].蔡惠仔,译.北京：中信出版社.

48.罗伊J列维奇,布鲁斯·巴里,戴维M.桑德斯.2019.商务谈判[M].程德俊,译.北京：机械工业出版社.

49.马修·萨伊德.2017.黑匣子思维[M].孙鹏,译.南昌：江西人民出版社.

50.迈克尔·马奎特.2017.探询式领导[M].张庆文,傅俊清,谢亚伟,译.北京：机械工业出版社.

51.曼迪·弗林特,伊丽莎白·温贝格·赫恩.2021.团队痛点[M].苑东明,译.北京：中国人民大学出版社.

52.孟广桥.2019.让投诉顾客满意离开[M].北京：中国青年出版社.

53.尼尔·埃亚尔,瑞安·胡佛.2017.上瘾[M].北京：中信出版社.

54.诺瓦·戈尔茨坦,史蒂夫·马丁,罗伯特·西奥迪尼.2018.说服[M].符李桃,译.北京：中信出版社.

55.奇普·希思,丹·希思.2014.决断力[M].宝静雅,译.北京:中信出版社.

56.乔·欧文.2021.韧性思维[M].何蓉,译.北京:人民邮电出版社.

57.瑞·达利欧.2018.原则[M].刘波,译.北京:中信出版社.

58.萨提亚·纳德拉.2018.刷新[M].陈召强,杨洋,译.北京:中信出版社.

59.史蒂夫·拉德克里夫.2015.领导如此简单[M].王伟平,译.北京:人民邮电出版社.

60.斯坦利·麦克里斯特尔,坦吐姆·科林斯,戴维·西尔弗曼,克里斯·富塞尔.2017.赋能[M].林爽喆,译.北京:中信出版社.

61.斯图尔特·克雷纳,戴斯·狄洛夫.2017.领导力本质[M].葛宏志,孟丽,译.北京:中国人民大学出版社.

62.汤超义,汤落雁.2018.掌控人生主动权[M].上海:上海财经大学出版社.

63.汤超义,汤落雁.2020.掌控人生主动权[M].增补本.上海:上海财经大学出版社.

64.藤井一郎.2020.掌控谈判[M].胡佳,译.北京:中国友谊出版公司.

65.万维钢.2017.高手[M].北京:电子工业出版社.

66.王成.2010.人才战略[M].北京:机械工业而出版社.

67.王成.2020.战略罗盘[M].全新修订版.北京:中信出版社.

68.熊启明.2020.人才池[M].北京:中信出版社.

69.亚德里安·斯莱沃斯基,大卫.莫里森,鲍勃.安德尔曼.

2018.发现利润区[M].6 版.吴春雷,译.北京:中信出版社.

70.阳飞扬.2011.从零开始学创业[M].北京:中国华侨出版社.

71.于刚.2018.激情创业[M].北京:中信出版社.

72.余泽忠.2016.绩效考核与薪酬管理[M].2 版.武汉:武汉大学出版社.

73.约翰·R.威尔斯.2018.战略的智慧[M].王洋,译.北京:机械工业出版社.

74.张磊.2020.价值[M].杭州:浙江教育出版社.

75.张丽俊.2022.组织的力量[M].北京:机械工业出版社.

76.张萌.2021.引燃视频号[M].北京:北京联合出版公司.

77.赵珂僮.2018.极致服务指导手册[M].北京:中信出版社.

78.周鸿祎.2014.周鸿祎自述[M].北京:中信出版社.

79.宗毅,小泽.2019.裂变式创业[M].北京:机械工业出版社.

后 记

　　2021 年的 7 月至 9 月，厦门爆发了两波新冠肺炎疫情群体感染事件，特别是 9 月中旬，《厦门市应对新冠肺炎疫情工作指挥部［2021］第 9 号通告》要求全市居民小区实行闭环管理，整个厦门地区人民的日常生活被按下了暂停键，我的许多出差计划也因此暂缓或取消，这是我创业三年以来，难得的连续待在厦门最长的一段时间。

　　正是这难得的清闲时间，让我静下心来，心无旁骛地专心撰写我"职场第一课系列丛书"的第四辑——《激情创业第一课》，并在中秋假期前完成了初稿，比计划整整提前了一年。

　　一年前，为了创作本书，我从浩瀚的书海中精心挑选了一些专家学者有关创业的畅销书来学习，其中包括本·霍洛维茨的《创业维艰》（中信出版社，2015）、约翰·R.威尔斯的《战略的智慧》（机械工业出版社，2018）、杰克·韦尔奇的《赢》（中信出版社，2017）《赢的答案》（中信出版社，2017）《商业的本质》（中信出版社，2016）、埃里克·莱斯的《精益创业》（中信出版社，2015）、于刚的《激情创业》（中信出版集团，2018）、宗毅的《裂变式创业》（机械工业出版社，2019）、樊登的《低风险创业》（人民邮电出版社，2019）、阳飞扬的《从零开始学创业》（中国华侨出版社，2011）、黄旭的《13＋1 体系：打造持续健康的组织》（机械工业出版社，2021）等，这些名家大作给了我很多启发和指引，本书的很多观点和论述都来自这些大师的智慧和理论。本书的结尾,我想把这几位大师给创业者的忠告再做一次总结归纳,希望对创业者特别是年轻人创业有所启迪。

1.你适合创业吗？杰克·韦尔奇请有创业意愿的人先自问四个问题：你是否有一个竞争对手无法匹敌、可以增强产品或服务吸引力的超级创意？你是否能够在经受一次次拒绝后仍然保持脸上的笑容？要想成为企业（创业）家，你必须具有百折不挠的毅力，不能在挫折前退缩，别人的拒绝只会更激起你把心中的创意推销出去的决心和斗志。你是否讨厌前途未卜的境况？你的性格能否吸引优秀的人才和你一起追逐梦想（让追逐者成为你的信徒）？如果你的答案是肯定的，那你就可以放手一搏；如果你的内心还是焦虑或是犹豫，那就放弃，因为自己创业和给别人打工是完全不同的两回事。

2.新创企业的首要任务在于弄明白到底要开发出什么东西,它不仅得是客户想要的,还得是客户愿意尽快付费购买的。如果你想创业但还没有想好创业的项目或方向,樊登给你的建议是：收集你身边的人抱怨的那些事；通过洞察抱怨（要懂得区分是真痛点还是假痛点）中潜藏的创业机会,找到解决方案；然后把自己当成普通用户,亲自试用自己的产品,即像"小白"一样思考如何做产品,让自己的产品能够真正解决用户的痛点。这就是"樊登读书"创始人樊登老师提倡的低风险创业的核心逻辑——"优雅地解决一个社会问题"。

3.关于寻找事业合作伙伴,1号店联合创始人于刚老师的建议是：第一,双方要拥有共同的价值观,否则利益追求点不一样会导致合作伙伴在中途分道扬镳；第二,双方都要具有博大的胸怀,不能小鸡肚肠、斤斤计较；第三,双方最好有互补的思维方法和能力,能产生1＋1＞2的效果；第四,要有个好机制让合作伙伴们能有效沟通和消除隔阂。

4.创业初期,核心人员的离去对新创公司有致命的打击,芬尼创始人宗毅认为这个难题的破解之道是首先建立合伙人制的公司管理结构,让员工和公司成为一个利益共同体;其次要创建一个有信念、有文化的企业,让所有成员知道这是一份事业,不只是一份工作,让员工围绕着共同的信念和价值观紧紧地凝聚在一起,才能让团队牢不可破、无坚不摧、无往不利。

创业伊始,大多数创业者都满怀憧憬、激情亢奋地想要一夜暴富,甚至成为上市公司的 CEO。对此,1 号店联合创始人于刚老师给年轻创业者的忠告是:第一,创业是马拉松,不是百米冲刺,不要急于求成;第二,要迎难而上,要清晰地了解困难所在,要有克服困难的核心竞争力、方法和工具,要有坚忍不拔的毅力,相反,那些做起来容易的事情因为容易被复制而往往缺乏价值;第三,创业需要激情,激情能激发创造力,可以把不可能变为可能。

总而言之,创业是一件风险极大、很折磨人的事,创业企业 10 年后的存活率仅为 2%,更别说成功率了,所以,创业者必须是经得起折磨、耐得住寂寞、忍得住孤独、挡得住诱惑、挺得住痛苦、顶得住压力、受得起打击、担得起责任、提得起精神的人。硅谷资深创业者本·霍洛维茨认为 CEO 是可以通过后天磨练造就出来的,他认为诸如组织设计、流程设计、指标设置以及人员安排等都是相对简单的工作,CEO 最难做到的就是对自己内心的控制,即对内在情绪的控制。所以关于 CEO 心理问题的头条法则就是不得谈论 CEO 的心理问题。这正如我一个担任上市公司 CEO 的好朋友告诉我的:在上市公司 CEO 里,80% 的人有心理疾病。

就此问题,本·霍洛维茨给出安抚神经的良药:(1)多交朋友。人的一生需要两类朋友,第一类是当你遇到好事时,你可以打电话与之分享喜悦,而他的喜悦不是那种蒙着羡慕、嫉妒面纱的虚假喜悦,是发自内心的真诚喜悦;第二类是当你身陷困境时,你可以打电话与之分担,向其倾诉的朋友。(2)把想法写出来,写的过程使自己的思路渐渐清晰,并最终帮助自己顺利做出正确的决定。(3)管理公司就像开车,盯着路,别看墙。

杰出的领导者会直面痛苦,无眠的长夜、涔涔的冷汗,还有难以名状的"煎熬"……然而,他们有个共同的特点就是"不抛弃、不罢手"。杰出领导者具有以下特质:拥有前瞻视野,勾画蓝图的能力(代表人物苹果的史蒂夫·乔布斯);让人追随的能力(代表人物 Intuit 的比尔·坎贝尔);实现理想和抱负的能力(代表人物英格尔的安迪·格鲁夫)。

创建公司时,你必须坚信,任何问题都有一个解决办法,而你的任务就是找出解决办法,无论这一概率是 9/10 还是 1‰,你的任务始终不变。本·霍洛维茨认为当一名成功的 CEO 根本没有秘诀,如果说存在这样一种技巧,那就是专心致志的能力和在无路可走时选择最佳路线的能力。

书写至此,本书就告一段落了,在此我首先要感谢国家一级出版社、全国百家图书出版单位——厦门大学出版社的鼎力相助,让本来此生只想出一本书的我,一口气连续五年创作了四本书,其中两本书再版重印;我还要感谢我一生中遇到的所有老师、贵人和同事,是你们一路的关爱、扶持和帮助成就了今天的我;我更要感谢大连海事大学党委副书记许民强教授、美设国际物流集团股份有限公司葛善根董事长等行业精英于百忙中拨冗为拙作指点、撰写序言;感谢福建远大律师事务所高级合伙人陈继东律师提供的宝贵资料;感谢厦门安防科技职业学院陈君璐老师不辞辛苦帮忙校核书稿;最后,我要感谢我的家人,没有你们的包容、支持、鼓励和爱,我无法全身心地投入到我的事业中。

接下来的余生，我还是会不忘"著书立说、教书育人"的初心，用"匠心精神"来不断地完善我的这套丛书，争取将其打磨成中国航运物流业从业人员的案头书、辅助教材，在帮助年轻人创业就业、助力职场人事业进步等方面发挥一点作用，为行业可持续高质量的发展贡献我作为行业老兵的一份心血和力量。

黄伟明

2021 年 10 月 5 日